教科書ガイド

大修館書店 版

現代の国語

TEXT BOOK GUIDE

文研出版

はしがき

本書は、大修館書店発行の教科書「現代の国語」に準拠した教科書解説書として編集されたものです。教科書内容がスムーズに理解できるよう工夫されています。予習や復習、試験前の学習にお役立てください。

本書の特色

《読むこと》

●冒頭・教材解説

それぞれ、各教材の冒頭に学習のねらいや要旨、段落構成などを解説しています。

教材解説では、まず段落ごとの大意をまとめ、その後、重要語句や文脈上おさえておきたい箇所の意味を解説しています。

教科書下段の脚問については、解答(例)を示しています。

●手引き

「学習のポイント」・「言葉と表現」・「語句と漢字」について、課題に対する考え方や取り組み方を示すとともに、適宜解答(例)を示しています。

《話すこと・聞くこと／書くこと》

●教材解説

確認しておきたい語句について、まず解説しています。

提示された活動についての考え方や取り組み方を中心に示しています。

目次

1　明日をひらく

白紙

森《もり》田《た》真《ま》生《さお》

教科書P.10～15

●学習のねらい

文章の構成や展開を理解し、言葉の意味内容を考える。

●要旨

大文字山の山頂から見えた遠くの光、目の前の花瓶に生けられた花から、僕は「見える」ということは、環境のすべてといつの間にか心を通わせ合って、その「通い合う心」が「見える」「聞こえる」「わかる」ということを、背景で支えているような気がした。「見える」や「聞こえる」「わかる」ということは実際、不思議で奇跡的な事態であり、「当たり前」のこと、「前提」としなければ人は前に進めない。そうして人は、最大の謎を「前提」とすることで不思議の先に広大な知と実用の世界を構築し、前提である原初の不思議は、不思議であることすら自覚されなくなるのである。僕は大学に入ってから、数学に取り組む際、解答を閉じて問題と向き合うことを知った。問題を頭に入れて白紙と対峙《たいじ》するのはとても怖いことであり心細さがある。しかし、自分の身一つで白紙と辛抱強く向き合い、わからない自分が、ある瞬間「わかった」自分に変わる喜びは格別である。「見える」ことや「聞こえる」こと、「わかる」ことは大きな不思議だ。その「わかる」喜びに立ち会おうとするならば、人は勇気をふりしぼり、自分の身体で白紙と向き合うことから始めよう。

●段落

本文は四つの段落に分けられる。また、これらは最初の二段落を「前半」、後の二段落を「後半」ととらえることができる。

一　教P10・1～P11・16　「見える」ことと
二　教P12・1～P12・13　不思議なことを「前提」とすること
三　教P12・15～P14・2　わかった瞬間の喜び
四　教P14・3～P14・8　白紙と対峙することの勧め

段落ごとの大意と語句の解説

第一段落　教10ページ1行～11ページ16行

大文字山の山頂で、遠方に光るものを見たことをきっかけに「見える」ということを不思議に感じた。また、生けられた花を見て、花が「見える」ということは、どこか深いところで花と親密な関係を結んでいるように思えた。環境のすべてといつの間にか心を通わせ合って、その「通い合う心」が「見える」「聞こえる」「わかる」ということを、背景で支えているような気がした。

教10ページ

2 **足《あし》もとが悪《わる》い**　雨や雪などの悪天候によって地面がぬかるんでいたりして、歩きにくいこと。

2 **道程《どうてい》**　ある地点に行き着くまでの道すじ。

3 **爽快《そうかい》**　さわやかで気持ちがいいこと。

3 **格別《かくべつ》**　他のものとは程度が違っていること。普通、他と比べて特に優れている場合に用いる。

4 **一瞥《いちべつ》して引《ひ》き返《かえ》してしまう**　山頂からの景色を一望することが目的で大文字山に登ったわけではないので、ちらっと景色を眺めて下山することを表している。

＊「一瞥(する)」＝一瞬だけ見ること。

6 **いまひとつ**　ここでは、完全というには不足する部分がある状態のこと。いまいち。

7 **判然《はんぜん》**　明確にわかること。

9 **凝視《ぎょうし》**　目を一つのところに集中させてじっと見つめること。

11 **パターン**　型。様式。

12 **大雑把《おおざっぱ》**　細かい部分への注意は省き、大きな部分だけを扱うさま。

教11ページ

1 **筆者は何を「不思議」に思っているのか。**

答　遠くの山の風景が「目の前」にではなくて、ずっと向こうの「あそこに」はっきり見えること。

8 **生《い》けられた**　「生ける」とは、植物の花や枝、葉などを花器に入れたりさしたりすること。「活ける」とも書く。

10 **直《じか》に**　間に何も隔《へだ》たりがないさま。直接。

11 **ありありと**　はっきりと目の前に現れる様子。

12 **物理的接触《ぶつりてきせっしょく》**　ここでは、空間・時間・速度など数値で捉えられる接触の意。対して直後の「親密な関係」は精神的・心理的な接触と考えられる。

12 **親密《しんみつ》な関係《かんけい》**　直前の「物理的接触」に対して精神的・心理的な接触のことと考えられる。

教12ページ

第二段落　教12ページ1行～12ページ13行

「見える」や「聞こえる」「わかる」ということは、人類には言葉にできないような不思議で奇跡的な事態であり、「当たり前」のこと、「前提」としなければ人は前に進めない。人は、最大の謎を「前提」とすることで不思議の先に広大な知と実用の世界を構築してきたが、この世界があまりに壮麗で、前提である原初の不思議は、不思議であることすら自覚されなくなる。

2 **あまりに不思議《ふしぎ》で、……「当《あ》たり前《まえ》」ということにされてしまう**　何が問題で、何をどのように明らかにすればよいのかすらわからないので、説明する必要もない常識として扱うしか手がないということ。

4 **前提《ぜんてい》**　あるものごとが成り立つための条件。

7 **拡張《かくちょう》**　ここでは、範囲・機能・速度などを発達させること。

2　**「最大の謎を、最奥《さいおう》の深秘をひとまず括弧にくくること」と同じ内容を別の言葉で表現した箇所はどこか。**

答　不思議なことを当たり前のこととして、すなわち「前提」とすること

10 **最奥《さいおう》の深秘《じんぴ》**　奥深い秘密の教え。なお「深秘」は仏教用語。

10 **括弧《かっこ》にくくる**　ここでは、注釈が必要な言葉として扱うという意味。

11 **構築《こうちく》**　組み立てて築き上げること。

11 **壮麗《そうれい》**　規模が大きくて美しいこと。

12 **足《あし》もとの、前提《ぜんてい》の、……自覚《じかく》されない**　「前提」の中に解明するべきことが含まれていることに気づかず、解明するべきであるかどうか考えようともしない、ということ。

12 **原初《げんしょ》**　ものごとの起こった最初。

第三段落　教12ページ15行～14ページ2行

僕は大学に入って、解答を閉じて問題と向き合うことを知った。問題を頭に入れて白紙と対峙する。それはとても怖いことであり心細さがある。しかし、自分の身一つで、白紙と辛抱強く向き合い、方針を立て、計算し、幾度も失敗を繰り返しながら挑み続け、わからない自分が「わかった」自分に変わる瞬間は、「零《ゼロ》」から何かが生まれる鮮烈な体験であり、その喜びは何ものにも代え難い。

教13ページ

3 **肝心《かんじん》**　最も重要なこと。

3 **「わかる」という経験《けいけん》の喜《よろこ》びを味《あじ》わうことはできなかった**　解法を「暗記」して問題に当てはめることによって解答を得ただけで、自力で考えて解いていないということ。

5 **エッセイ**　随筆。随想。

5 **それはもう解《と》けない問題《もんだい》になってしまう**　解き方を知ってしまうと、もう自分で解き方を考えつくことはできないということ。

7 **対峙《たいじ》する**　向かい合ってにらみ合うこと。

3　**なぜ「それはとても怖いこと」なのか。**

答　解くための手がかりが何もなく、答えにたどり着けるという保証もないから。

9 **さまよう**　迷ってあてもなく歩きまわること。

10 **辛抱《しんぼう》**　辛いことや苦しいこと、悲しみなどを我慢すること。

15 **試行錯誤《しこうさくご》**　試みや失敗を繰り返しながら目的に近づいていく方法。

教14ページ

1 **「零《ゼロ》」から**　全然何もない状態から。

1 **鮮烈《せんれつ》**　はっきりとあざやかな様子。

1 **取《と》るに足《た》らない**　取り上げる価値がない。つまらない。

2 **何《なに》ものにも代《か》え難《がた》い**　他のどんなものにも代えることができないほど大切であること。

第四段落　教14ページ3行～14ページ8行

「見える」ことや「聞こえる」こと、「わかる」ことは大きな不思議だ。その喜びに立ち会おうとするならば、人は白紙と向き合う勇気をふりしぼらないといけない。最初は心細く、惨め

に思えたとしても、自分の身体と一枚の白紙から始めることにしよう。

3そうである　次行に続く「大きな不思議」を指す。

4その喜《よろこ》びに立《た》ち会《あ》おうとする　「『わかる』という経験の喜びを味わう」と同じ意味。

学習のポイント

1　筆者は、「わかる」ことの喜びを味わうためにはどうすることが必要だと述べているか、考えてみよう。

考え方　第三・四段落から読み取る。この文章におけるキーワードである「白紙」を用いるとよいが、「白紙」が具体的には「何もない状態」のことを指していることをおさえる。

解答例　どんなに心細く、惨めに思えたとしても、自分の身一つで「白紙」、つまり何もない状態と辛抱強く向き合い、試行錯誤すること。

2　これまでに「わかる」ことの喜びを味わった経験を、話し合ってみよう。

考え方　各教科の学習にとどまらず、部活や趣味など、これまでの経験を幅広く振り返ってみるとよい。

4不思議《ふしぎ》の芽生《めば》える場所《ばしょ》にまで、降《お》り立《た》っていく　「当たり前」の中の「不思議」を意識し、向き合うことと考えられる。

＊「芽生《めば》える」　ここでは、ものごとが起こり始めるの意。

7惨《みじ》め　見ていられないほどかわいそうなさま。

語句と漢字

1　次の傍線部の漢字を用いて別の熟語を書いてみよう。

①凝視　②到来　③肝心　④幾度

解答例　①凝固・凝血　②到底・殺到　③肝要・肝胆　④幾多・幾重

2　次の片仮名を漢字に直してみよう。

①サワやかな朝。

②能力をカクチョウする。

解答　①爽　②拡張

考える技術 ── 考えさせない時代に抗して

野矢《のや》茂樹《しげき》

教科書P.16〜19

●学習のねらい

筆者の考えとその根拠を捉え、「考える」ことと「論理」の関係と内容を理解する。

●要　旨

「考える」ということは「待つこと」である。その間、問いの緊張を保ち続け、答えが降りてくるのを待つ。抱え込んだ問いの観点から、すべてを見、すべてを聞いていると、思わぬものが問いに結びつき、答えに近づくヒントになるのである。現代は、分からないことがあるとすぐにインターネットで調べたりウェブ上で誰かが答えてくれたりするので、「考える」ことが難しい時代だろう。「論理的に考える」と言われるが、論理は考えることとは違う。論理は、問題を分析して、いくつの問題が含まれているのか、それらがどう関係しあっているのかを捉え、その問題が依拠している暗黙の前提を明らかにするのに力を発揮する。つまり、論理は考えるための下ごしらえを整えるのである。考える技術とは、論理を助けとしていかに問いを上手に立てるかという問う技術である。

●段　落

本文は、一行空きによって二つの段落に分けられる。

一　教P16・1〜P17・9　「考える」とはどういうことか

二　教P17・11〜P18・16　「論理」とはどういうことか

段落ごとの大意と語句の解説

第一段落　教16ページ1行〜17ページ9行

私は考えているとき、何もしていない。ただ答えを思いつくのを待っているだけである。この「待つこと」が、考えることなのだ。問いの緊張を持続させ、答えが降りてくるのを待っている間、抱え込んだ問いの観点から、すべてを見、すべてを聞き、つねに問いのまなざしで見ている。すると、思ってもいないことが問いに結びつき、答えに近づくヒントになる。考えることは、せっかちな頭には無縁である。現代は、分からないことがあるとすぐにインターネットで調べたりウェブ上で誰かが答えてくれたりするので、考えることが難しい時代だろう。

教16ページ

1**しょっちゅう**　いつも。常に。

3**誤解《ごかい》されそうなことを言《い》ってしまったかもしれない**　一般的に、「考える」とは、その内容がずっと頭の中を占めていて、答えを見出《みいだ》すまで常に何か調べたり突き詰めたりしている状態だと考えられているので、考えることを商売としているはずの筆者が「何もしていない」と言うと、読者に、さぼっているのではと受け取られるかもしれないと案じている。

3 **断《だん》じて**　ここは後に「……わけではない」という打ち消しの言葉を伴っているので、「けっして」の意。

4 **唸《うな》ったり**　「唸る」とは、力を入れたり苦しんだりするときに、ウーウーと長く引いた低い声を出すこと。

5 **頭《あたま》を抱《かか》えたりしている**　心配ごとや悩みごとなどがあって、思案に暮れている状態。

5 **そのどれをとっても、……言《い》えるものはない**　「そのどれをとっても」とは、直前の「歩いたり、唸ったり、頭を抱えたりしている」を指している。筆者は、これらの行為の間、ただ答えを思いつくのを待っているだけで具体的に何かをしているわけではないので、「考える」行為とは言えないと言っている。

8 **しばしの間《あいだ》**　短い間。しばらくの間。

11 **及《およ》ぶ**　ある場所や範囲に達する。いたる。

教17ページ

2 **観点《かんてん》**　ものごとを見たり考えたりするときの立場。見地。

6 **考《かんが》えることは、せっかちな頭《あたま》には無縁《むえん》のことである**　「考える」ということは「待つ」ことであるのに、現代の人が答えが出るまで待ってみようとせず、すぐにインターネットなどで調べて答えを探そうとしてしまう傾向のことを言っている。

＊「せっかち」＝忍耐強さがなく、先を急いで気ぜわしいこと。気みじか。

第二段落　教17ページ11行〜18ページ16行

論理は考えることとは違う。考えることは雨乞いの儀式のようなものであり、論理は雨乞いの儀式の下準備の段階で活躍する。論理はまた、問題を分析して、いくつの問題が含まれているのか、それらがどう関係しあっているのかを捉え、その問題が依拠している暗黙の前提を明らかにするのに力を発揮する。考える技術とは、論理を助けとしていかに問いを上手に立てるかという、問う技術なのである。

11 **雨乞《あまご》い**　日照りが続いたとき、雨が降るように神仏に祈ること。

15 **論理《ろんり》**　議論や思考、推理などを進めて行くための筋道。

16 **答《こた》えに向《む》けて飛躍《ひやく》する**　問いのヒントと出会い、答えが閃《ひらめ》くことを表した言葉。

教18ページ

1 **論理《ろんり》はむしろ雨乞《あまご》いの儀式《ぎしき》の下準備《したじゅんび》の段階《だんかい》で活躍《かつやく》する**　雨乞いの儀式は答えを得るために考えることを、儀式の下準備は堅実な論理力をもって問題を整理したり分析したりすることをたとえた表現。とすると、答えが閃くことは、雨乞いによって雨が降ることとたとえることができる。

2 **詰《つ》められるところ**　ここの「詰める」は、十分に検討し、ものごとの決着がつくようにすることという意味。

2 **あらかじめ**　前もって。

7 **依拠《いきょ》**　ものごとの根拠とすること。

1　「考えるための下ごしらえ」とは、どのようなことか。

答　問いの答えが閃くように、論理によって問題を整理・分析し、暗黙の前提を明らかにすること。

8 **下《した》ごしらえ**　ここでは、前もって準備をしておくこと。

9 **堅実《けんじつ》な論理力《ろんりりょく》**　考えの道筋を明確にする力。論理を用いて確実に思考の道筋を示す力。

＊「堅実」＝手堅く確実なこと。

11 **人事《じんじ》を尽《つ》くして天命《てんめい》を待《ま》つ**　自分ができるすべての努力をしたら、あとは運命に任せて、事の成り行きを見守るという意味。

15 **麻痺《まひ》する**　ここでは、通常のはたらきや動きが停止するという意味。

15 **手《て》の届《とど》く問題《もんだい》へと小分《こわ》けにする**　複数の問題が絡み合ったりしていると、解決しようとしても混乱してしまうので、問題を整理したり分析したりして、自分の手に負える範囲の問題に細分化して答えを出しやすくする、ということ。

16 **手《て》ごろ**　取り扱うのにちょうどいいこと。

学習のポイント

1 **「論理は考えることとは違う。」(17・15)とあるが、論理はどのようなときに必要とされると述べられているか。**

解答例　問題の答えを考えるために問題を分析して、いくつの問題が含まれているのか、それらはどう関係しあっているのかを捉えたり、その問題が依拠している暗黙の前提を明らかにしたりするとき。

2 **「考える技術とは……問う技術なのである。」(18・12)とあるが、そのようにいえるのはなぜか、まとめてみよう。**

考え方　前段で「考える」ということはどういうことかをおさえ、後段で「論理」とは何か、「考える」こととどのような関係にあるかをとらえてまとめる。

解答例　「考える」ということは、抱え込んだ問いの観点からすべてを見、すべてを聞きながら答えに近づくヒントと出会い、答えが閃くのを「待つこと」である。こうすれば必ず答えが見つかるというマニュアルなども存在しない。そのため、考える際に必要な技術とは、答えを閃かせる技術ではなく、論理の力をもって複雑な問題を整理したり分析したり、ときにはその問題が依拠している暗黙の前提を明らかにしたりして、考えなければならないことの負担を軽くし、いかに答えが出やすい手ごろな問題にするか、を問う技術であるといえるから。

3 **あなたはこれからの高校生活で、どのようなことを考えてみたいだろうか。それを考えるためには、どのような「下ごしらえ」をすればよいだろうか。ノートに書き出してみよう。**

考え方　「勉強の目的とは何か」「大人になるとはどういうことか」「親友とは何か」「どのような人生を歩みたいのか」「働くとはどういうことか」など、テーマを設定することは易しいと思われる。「下ごしらえ」を必ずしも文章で表す必要はなく、メモ書きやチャートなど自由な形でより多く書き出せるとよいだろう。

語句と漢字

1 次の片仮名を漢字に直してみよう。

①厳粛なギシキを執り行う。

②人員を増員し、製造日程をツめる。

③ある前提にイキョした意見。

④ケンジツな暮らしをする。

解答 ①儀式　②詰　③依拠　④堅実

伝える・伝え合う

教科書P.20～22

語句の解説

教20ページ

8 **まっとうする**　完全に終わらせる。

9 **遂行**《すいこう》　任務や仕事などを最後までやりとげること。

教21ページ

2 **あらたまった場面**《ばめん》　ふだんとは異なる、雰囲気が堅苦しい場面。儀式や公的な集まりなど。

2 **うちとけた場面**《ばめん》　家族や親しい人たちとの雰囲気の和やかな場面。

2 **言**《い》**い回**《まわ》**し**　言葉での表現、言い表し方。

7 **口頭**《こうとう》　直接、口で言うこと。

9 **示唆**《しさ》　ものごとを明確には示さず、手がかりを与えてそれとなく教え示すこと。

1 次の①②について、ア～ウの語句や表現にはどのような意味や印象の違いがあるか、また、それぞれどのような場面にふさわしいか、考えてみよう。

①明日は雨が降る

ア　可能性がある。

イ　おそれがある。

ウ　かもしれない。

②与えられた任務を

ア　果たす。

イ　まっとうする。

ウ　遂行する。

解答例 ①いずれも何かを推測する際に用いられる言葉。「おそれがある」には、悪いことが起こるのではないかと懸念する意味が含まれる。「可能性がある」と「かもしれない」は、良い推測にも悪い推測にも用いられるが、「かもしれない」はうちとけた場面で、「可能性がある」のほうはややあらたまった場面で用いられる傾向がある。

②いずれも「ものごとを最後まで完全に終わらせる」という意味を持つ。「果たす」はあらたまった場面やうちとけた場面、文章や会話などシーンを問わず広く用いられる。「まっとうする」は「果たす」よりやや固い印象を受ける。十分に長生きし命を終える意味を表す「天寿をまっとうする」といった独特な用法がある。「遂行す

る」は漢語を用いた表現で固い印象があり、あらたまった場面や公的な文章などで用いるのがふさわしい。

2

次の①〜③のア・イの語句について、互いに置き換えやすい例文と置き換えにくい例文を作ってみよう。

①　ア　体験　イ　経験
②　ア　心情　イ　気持ち
③　ア　試験　イ　テスト

考え方　①「体験」は、自分が身をもって直接見聞きしたり行ったりする場合に用いられる。「経験」は、自分が見聞きしたり行ったりすることによって身につけた技能や知識にも用いられ、「体験」よりも広く用いることができる。
②「気持ち」は、人やものなど、何らかの対象に実際に接することで抱く考えや感情を表すのに対し、「心情」は実際に接する対象を必要としない。また、あらたまった場では「心情」のほうがよりふさわしい。
③「テスト」は規模が小さめのものに用いられる。また「試験」は、あるものごとの性質や性能などを試したり検査したりする場合にも用いられる。あらたまった名称などに用いられるのは「試験」が多い。

解答例　〈置き換えやすい例〉①以前、「体験／経験」したことがある。
②登場人物の「心情／気持ち」を読み取る。
③英語の「試験／テスト」を受ける。
〈置き換えにくい例〉①和紙漉《す》き「○体験／×経験」に参加する。彼は人生「○経験／×体験」が豊富だ。
②ご遺族の「○心情／×気持ち」をお察しします。マッサージをしてもらって「○気持ち／×心情」がいい。
③新しいシステムを「○試験／×テスト」的に運用する。心理「○テスト／×試験」で意外な性格がわかった。

3

次の①②の文を、ア・イの場面にふさわしい表現に変えてみよう。

①「ちゃんと調べてみたら、もうちょっとよくわかると思う。」
ア　クラス全員の前で口頭発表をするとき
イ　レポートの文章にするとき
②「調査結果は町のさらなる発展を示唆するものであった。」
ア　クラス全員の前で口頭発表をするとき
イ　友人に口頭で伝えるとき

考え方　解答は複数考えられる。類義語辞典なども活用するとよい。アの大勢の前で発表するような場合にはやや固い印象の言葉と丁寧語がふさわしい。①のイの文章にする場合、文末は常体でも敬体でもよいが、漢語などやや固い印象の書き言葉を用いるとよい。②のイのような場合は、逆に堅苦しくならないよううちとけた場面にふさわしい話し言葉を用いる。

解答例　①ア　しっかり調べてみたら、もう少しよくわかると思います。イ　正確に調査すれば、より明確になると思います。
②ア　調査結果は、町がさらに発展することを示していました。イ　調べてみたら、町がもっと発展しそうなんだって。

2 要点をつかむ

水の東西

山崎正和《やまざきまさかず》

教科書P.25～30

●学習のねらい

具体と抽象、対比などの叙述の特徴を的確にとらえ、文章の要点をつかむ。

●要旨

単純でゆるやかなリズムを無限に繰り返す「鹿《しし》おどし」。その音響が時を刻む仕掛けは、日本人に流れてやまないものを感じさせる。一方、欧米に見られる噴水は壮大な水の造型であり、音をたてて空間に静止しているように見える。日本において噴水が発達しなかったのは、日本人が、水が自然に流れる姿に美しさを感じ、造型の対象とみなさなかったからだと考えられる。また、水のような形のないものを恐れずに積極的に受け入れるという感性を持っていたとも推測できる。断続する音の響きを聞いて、その間隙に流れるものを間接に心で味わう日本人にとって、「鹿おどし」は、日本人が水を鑑賞する行為の極致を表す仕掛けと言うことができるだろう。

●段落

本文は、叙述の特徴に着目して四つの段落に分けられる。

一 教P25・1～P26・12 「鹿おどし」に見る時間的な水
二 教P26・13～P28・3 噴水に見る空間的な水
三 教P28・4～P29・3 形なきものを恐れない日本人の感性
四 教P29・4～P29・7 日本人の水の鑑賞の仕方

段落ごとの大意と語句の解説

第一段落 教25ページ1行～P26ページ12行

「鹿おどし」は、竹のシーソーの一端についている水受けに筧《かけい》の水が少しずつたまり、水受けがいっぱいになると、シーソーが傾いて水をこぼす。この無限に繰り返される単純でゆるやかなリズムは水や時といった流れるものを我々に感じさせ、それをせき止め、刻むことによって、流れてやまないものの存在を強調する。ニューヨークにおいては、人々は忙しく、「鹿おどし」の音と次の音との長い間隔を聴くゆとりはないようで、華やかな噴水に気持ちをくつろがせていた。

教25ページ

1 その愛嬌《あいきょう》　「鹿おどし」の仕組みや単純な動きを指した表現。

＊「愛嬌」＝人に愛らしさや好ましさなどを感じさせること。「愛敬」とも書く。

2 けだるさ　なんとなくだるい感じがすること。＝「気だるさ」。

1 **どのような点に「人生のけだるさのようなもの」を感じるのか。**

答 単純でゆるやかなリズムが無限に繰り返される点。

7 **緊張《きんちょう》が一気《いっき》にとけて**　「鹿おどし」の水受けに少しずつたまっていった水が、竹のシーソーが傾くことによって、いっぺんにこぼれる様子を表現している。同ページ12行の「それが一気にほどけ」の「それ」も「緊張」を指しており、同じ様子を表している。

＊「緊張」＝ここでは、これから起こる現象や変化を待ち受けて気持ちが高ぶる状態。

9 **くぐもった優《やさ》しい音《おと》**　はっきりせず澄んだ音ではないが、心地よく感じられる音。26ページ1行目の「曇った音響」も同意。

教26ページ

1 **何事《なにごと》も起《お》こらない徒労《とろう》**　ここでは、「鹿おどし」に次第に水がたまっていき、どのようなことが起こるだろうという期待を抱いて緊張するものの、ただこぼれるだけで、水がたまってはこぼれるという動きを何の変化もなく無限に繰り返す様子を指している。

＊「徒労」＝無駄な骨折り。

2 **時《とき》を刻《きざ》んで**　時間をはかるように、規則正しく音を立てる。

2 **静寂《せいじゃく》**　静かでひっそりしていること。

2 **いやがうえにも**　いっそう。ますます。

2 **引《ひ》き立てる**　特に目立つようにする。

3 **それ**　「流れるもの」を指す。「流れるもの」とは「水の流れ」や「時の流れ」などの、我々に流れを感じさせるものを総合的に表現している。

7 **素朴《そぼく》**　単純で、自然のままであること。

2 **「一つの音と次の音との長い間隔」とは、「鹿おどし」のどのような状態のことをいっているか。**

答 「鹿おどし」の水受けにたまった水がこぼれるときに竹が石をたたいて音をたててから、再び水受けに水がたまってこぼれる際に石をたたいて音をたてるまでの間のこと。

9 **間隔《かんかく》を聴《き》く**　「鹿おどし」が水をこぼすときに石をたたく音から次の石をたたく音までの間、耳を澄ませて静寂を味わっている様子を表している。

＊「間隔」＝物事と物事とのあいだの時間。

9 **それ**　「鹿おどし」を指す。

10 **くつろがせて**　ゆったりさせて。なごませて。

第二段落　教P26ページ13行～P28ページ3行

ヨーロッパやアメリカでは、町の広場のいたるところにみごとな噴水があり、趣向を凝らして風景の中心となっている。とどろきながら林立する壮大な水の造型は揺れ動く彫刻のようで、音をたてて空間に静止しているように見えた。

14 **名《な》のある**　名高い。有名な。

14 **趣向《しゅこう》を凝《こ》らして**　風情やおもむきが深みを増すように工夫するこ

と。

16 **添《そ》えもの**　主要なものにつけ加えられたもの。

16 **壮大《そうだい》**　規模が大きくて立派である様子。

3 **「水の造型」とは、噴水のどのような様子を表したものか。**

答 液体である噴水のほとばしる水が、バロック彫刻のように固体として形作られ、空間に静止しているように見える様子。

16 **とどろきながら**　音が鳴り響きながら。

教28ページ

1 **林立《りんりつ》**　林の木々のようにものが多く並び立っていること。ここでは、大規模な噴水が立ち並んでいる様子を比喩的に表現している。

1 **息《いき》をのんだ**　驚きのあまり、一瞬はっと息を止めること。

1 **さながら**　まるで〜よう(に)。

2 **ほとばしる**　勢いよく噴き出し飛び散ること。

第三段落　教P28ページ4行〜P29ページ3行

日本は噴水が少なく、西洋のものほど美しくもない。日本人にとって水は造型する対象ではなかったと考えられる。それは、水は自然に流れる姿が美しいという独特の好みであり、水のような形なきものを恐れない心の現れではないだろうか。

4 **せせらぎ**　水がさらさらと音をたてて流れる浅瀬。小川。

6 **伝統《でんとう》は恐《おそ》ろしいもので……西洋《せいよう》のものほど美《うつく》しくない**　噴水に美を見出《みいだ》し、作るという伝統のなかった日本人が、西洋をまねて噴水を作ってもあまり美しくないということ。

8 **間《ま》が抜《ぬ》けて**　しまりがなくて物足りないこと。

8 **表情《ひょうじょう》に乏《とぼ》しい**　独創性や華やかさといったものに欠け、魅力が感じられない様子。

＊「乏しい」＝十分でない。足りない。

11 **人工的《じんこうてき》な滝《たき》を作《つく》った日本人《にほんじん》が、噴水《ふんすい》を作《つく》らなかった**　滝を人工的に作るには高度な技術を必要とする。その高度な技術を持つ日本人は、噴水を作ろうと思えば作ることができたという筆者の考えを暗示している。

11 **そういう外面的《がいめんてき》な事情《じじょう》**　空気が乾いているかいないか、噴水を発達させるのに有利な水道の技術があったかなかったか、ということ。

13 **圧縮《あっしゅく》したりねじ曲《ま》げたり、粘土《ねんど》のように造型《ぞうけい》する**　西洋人が、形のない水に人工的に手を加え、さまざまな形を与えて噴水を作ることを指している。

＊「圧縮」＝ここでは、圧力を加えて水の形や勢いを変えること。

14 **いうまでもなく**　わざわざいう必要もなく。

15 **西洋人《せいようじん》と違《ちが》った独特《どくとく》の好《この》み**　水のように定まった形がないものの自然なままの姿を好んだということ。

16 **そういう思想《しそう》**　「行雲流水」に込められた考え方。

16 **裏《うら》づけられ**　物事が確実であることを他の面から証明されること。

教29ページ

4 **「それ」とは、何を指すか。**

答 水を圧縮したりねじ曲げたり、粘土のように造型する対象と考える西洋人とは違い、水は自然に流れる姿が美しいと捉える日本人独特の好み。

1 **受動的《じゅどうてき》な態度《たいど》**　外界からの刺激を、主体性もなくそのままに受け入れる姿勢。

＊「受動的」＝自分の意志からでなく、他からの影響を受けて動くこと。

第四段落　教P29ページ4行～P29ページ7行

流れを感じることだけが大切なのだとしたら、我々は、ただ断続する音の響きを聞いて、その間隙に流れるものを間接に心で味わえばよい。そう考えれば、「鹿おどし」は、日本人が水を鑑賞する行為の極致を表す仕掛けだと言える。

5 **断続《だんぞく》する**　時々途切れながら続くこと。

5 **間隙《かんげき》**　物と物とのすき間。ここでは、一つの音と次の音との間の静寂を表す。

学習のポイント

1　次の対比的表現は、「鹿おどし」と「噴水」のどのような点をとらえたものか。本文中の具体例に着目しながら、それぞれについてまとめてみよう。

①「流れる水と、噴き上げる水。」(26・12)

②「時間的な水と、空間的な水。」(28・3)

③「見えない水と、目に見える水。」(29・3)

考え方　「時間」「流れる」「噴き上げる」「空間」「見える」といった言葉を手がかりに本文中よりとらえる。「見えない水」については主に第四段落で述べられている。造形美を目で鑑賞する噴水に対して、日本人は、「鹿おどし」の音の響きから「時間」や「水」といった流れるものを「心」で味わっている点をおさえたい。

解答例　①「流れる水」…「鹿おどし」。我々に流れるものを感じさせ、流れてやまないものの存在を強調している点。

「噴き上げる水」…「噴水」。水の芸術として華やかに噴き上げている点。

②「時間的な水」…「鹿おどし」。静寂と時間の長さをいやがうえにも引き立てる点。断続する音の響きが時間の流れを感じさせる点。

「空間的な水」…「噴水」。本来ほとばしっているはずの水が、彫刻のような立体的な造型として空間に静止しているように見える点。

③「見えない水」…「鹿おどし」。一つの音と次の音との響きの間隙に流れるものを間接に心で味わう点。

「目に見える水」…「噴水」。水を、圧縮したりねじ曲げたり粘土のように造型する対象ととらえ、形を与え、さまざまな趣向を凝らした美を味わう点。

2　「日本人が、噴水を作らなかった理由」(28・11)として、どのようなことが述べられているか、整理してみよう。

考え方　外面的な事情と日本人の感性の二方向からとらえる。本文で説明されている西洋の外面的な事情を読み取り、それが日本人の感性に当てはまらなかったことを指摘する。

解答例　西洋のように空気が乾いておらず、人々は噴き上げる水を求めなかった。また、水道の技術が進んでおらず、噴水の発達に結びつかなかったことも考えられる。さらに日本人は、水が自然に流れる姿に美しさを感じ、圧縮したりねじ曲げたり粘土のように造型する対象とみなさなかったと推測される。

3 「『鹿おどし』は、日本人が水を鑑賞する行為の極致を表す仕掛けだと言えるかもしれない。」（29・6）とあるが、その理由をまとめてみよう。

解答例 断続する音の響きを聞くことにより、流れる水を心で味わうことができるという「鹿おどし」の仕組みが、日本人の、積極的に、形なきものを恐れないという心のあり方に合っているから。

言葉と表現

1 次の語句を使って短文を作ってみよう。

①いやがうえにも（26・2）
②さながら（28・1）
③もはや（29・4）

解答例 ①三連覇がかかった試合で、いやがうえにもプレッシャーを感じる。
②祖母の手料理は、プロの料理人さながらの見栄えと味だ。
③彼の優勝は、もはや疑う余地もないだろう。

2 「鹿おどし」と「噴水」の特徴に着目した三つの対比的表現は、本文の展開上どのような効果を上げていると考えられるか、話し合ってみよう。

解答例 読者が具体的にイメージしやすい「流れる水と、噴き上げる水」を対比させて導入とし、「時間的な水と、空間的な水」という抽象的な観点から「鹿おどし」と「噴水」の特徴をとらえ、「見えない水と、目に見える水」という日本と欧米の感性の違いやその背景へと論を発展させている。

語句と漢字

1 次の意味を表す「息」を使った慣用句を考えてみよう。

①有力者の影響や支援などが間近に及ぶ。
②呼吸の音もさせずに、じっとしている。
③驚きや恐れのために一瞬息を止める。

解答 ①息がかかる　②息をひそめる　③息をのむ

2 次の傍線部の漢字の読みを書いてみよう。

①川を隔てる。　②徒歩で家に帰る。
③運河を掘削する。　④締切が刻々と迫る。
⑤物資が欠乏する。　⑥貧乏から抜け出す。
⑦素朴な人柄。　⑧寂しさを紛らす。

解答 ①へだ　②とほ　③くっさく　④こくこく
⑤けつぼう　⑥びんぼう　⑦そぼく　⑧さび

3 次の片仮名を漢字に直してみよう。

① 映画カンショウ。／カンショウ植物。
② 長い距離をカンソウする。／カンソウした空気。

解答 ①鑑賞・観賞　②完走・乾燥

「動」への変化

落合陽一《おちあいよういち》

教科書P.31〜36

学習のねらい

具体例から要点の手がかりを読み取り、文章の展開をつかむ。

要旨

メディアは壁画と彫刻にはじまり、「可搬性」を求めることで「紙」やカンバスへと進化した。さらに、保存や複製が可能である写真の登場によって、視座が正確に共有できるものへと変化した。このようにメディアが「自由度」が高くなる方へと進化するとき、コンテンツの「動」への変化と、「可搬性」というメディアそれ自体の「動」への変化という二つの意味で動的性質が上がっていく。人類の歴史でメディアの進化に大きな影響を与えてきたのは、「可搬性」という意味での「動」の自由度の発展である。三次元空間での人間の行動やイマジネーションを制限しないということこそが、現代のモバイル端末への進化の流れを駆動してきた大きな要因なのである。

段落

本文は、メディアの進化の歴史に着目して四つの段落に分けられる。

一　教P31・1〜P32・3　「紙」が誕生するまで
二　教P32・4〜P34・1　「紙」の誕生
三　教P34・2〜P34・8　写真の登場による変化
四　教P34・9〜P35・16　メディアの進化

段落ごとの大意と語句の解説

第一段落　教31ページ1行〜32ページ3行

現存するメディアで最も古いものは壁画と彫刻である。壁画は時間の変化を表現するのも鑑賞するのも大変であり、見る側の人間のイマジネーションと実際の移動を必要とした。彫刻も、堅いものを彫るという行為には相当な労力が必要であり、持ち運びするにも重かった。やがて人類は、石板や動物の骨、青銅器など、メディア装置に少しずつ「可搬性」を与えていったが、これらも可塑性と可搬性という点では十分ではなかった。

教31ページ
1 **壁画《へきが》**　建物や洞窟内の壁や天井などに描かれた絵画。
3 **鑑賞《かんしょう》する**　芸術作品などを見たり聞いたりして味わうこと。
5 **周遊《しゅうゆう》する**　ここでは、洞窟内の絵をそれぞれ見て回ること。
6 **イマジネーション**　想像力。
8 **そもそも**　根本的に。最初から。
11 **徐々《じょじょ》に**　少しずつ進行したり変化したりする様子。
11 **可搬性《かはんせい》**　持ち運びや移動が可能であること。

教32ページ

1 **ほどこされ**　「ほどこす」は飾りや補いなどで何かを付け加えること。

2 **可塑性《かそせい》**　固体に力を加えて変形させたとき、力を加えるのをやめても元の形に戻らない性質。

第二段落　教32ページ4行〜34ページ1行

パピルスや羊皮紙などの「紙」の誕生は人類のメディア史において画期となり、人間に日々の出来事や歴史を記録する手段を与えたが、可搬性やコストなどの面で問題があった。その後、中国から西欧に伝来した「紙」が、コスト面での優位性から一気に普及した。同時にカンバスも登場し、絵画を鑑賞者の元に手軽に持ち運べるようになったという点で大きな進歩となった。一方、東洋では古くから紙が使用され良質な紙が流通していたので、屏風《びょうぶ》や絵巻物、日記などが多く残されている。

4 **画期《かっき》**　古い時代と新しい時代を分けること。また、その区切り。

6 **原始的《げんしてき》**　おおもとに近いこと。初期の段階で、自然に近いさま。

1　「両者」とは、何を指すか。

答　パピルスと羊皮紙。

8 **両者《りょうしゃ》は現在《げんざい》の我々《われわれ》から見《み》ると、不完全《ふかんぜん》なものです**　パピルスと羊皮紙のおかげで、人間は日々の出来事や歴史を記録することができるようになったが、現在の我々から見ると、可搬性や記録性、コストなどの面でまだまだ十分ではなかったということ。

10 **かさばり**　体積が大きく場所をとること。

教33ページ

3 **普及《ふきゅう》**　物が広く行き渡ること。

2　「一枚のイメージを…持ち運べるようになった」のはなぜか。

答　絵画が、可搬性の高いメディア装置であるカンバスに描かれるようになったから。

11 **様相《ようそう》が変《か》わり**　物事の様子が変わること。

13 **紙漉《かみす》き**　昔ながらの製紙法の一つ。

14 **流通《りゅうつう》**　広く行き渡っていること。

14 **屏《びょう》風《ぶ》**　部屋を仕切ったり装飾したりするための家具。

16 **そもそも**　最初は。発端は。

第三段落　教34ページ2行〜34ページ8行

紙に続いて登場した写真は、すぐに保存ができるという点で大きな変化となった。さらに写真が複製可能になることによって、人々の認識能力や証拠能力、そして世界の捉え方が大きく変革され、視座が正確に共有できるものに変わった。

教34ページ

4 **複製《ふくせい》**　もとの物と同じ物を別に作ること。または、そのもの。

5 **認識能力《にんしきのうりょく》や証拠能力《しょうこのうりょく》**　見聞したことや人の言動を客観的な事実として捉え、理解したり判断したりする力。

5 **ひいては**　前のことが原因となった結果または延長として。

5 **世界《せかい》の捉《とら》え方《かた》が大《おお》きく変革《へんかく》された**　写真が複製できるようになったことによって、正確な記録が、時間や空間を超えて共有できるようになったということ。

6 **視座《しざ》** 対象を見る視点。

3 **「視座」を「正確に共有できる」とは、どのようなことか。**

答 ある対象について誰もが同じ程度に正確に認識できるようになったということ。

7 **ここからのメディア状況《じょうきょう》** 映像の登場によって動画も保存できるようになり、DVDなどの登場によって、その動画を持ち運びできるようになり、さらにスマートフォンの登場によって、DVDなどの媒体を持ち運ばなくても鑑賞できるようになったこと。

第四段落 教34ページ9行～35ページ16行

メディアは、三次元空間の中でいかに時間と空間を自由に記述できるようにするか、身体性を伴った表現としてのメディアをどう拡張できるかを問われながら「自由度」を高くし続けてきた。このメディアの自由度が上がるとき、コンテンツの「動」への変化と、「可搬性」というメディアそれ自体の「動」への変化という二つの意味で動的性質が上がる。人類の歴史でメディアの進化に大きな影響を与えたのは、「可搬性」という意味での「動」の自由度の発展である。三次元空間での人間の行動やイマジネーションを制限しないことこそが、現代のモバイル端末への進化の流れを駆動してきた大きな要因なのである。

学習のポイント

10 **「自由度《じゆうど》」が高《たか》くなる方《ほう》へと進化《しんか》してきた** 「紙」によって日々の出来事や歴史の、写真や映像によって空間そのものの記録が可能になり、DVDやスマートフォンなどによって持ち運びが可能・簡単になっていったということ。

13 **可搬性《かはんせい》の上昇《じょうしょう》と製作《せいさく》コストの低下《ていか》** 壁画や彫刻と比較して、紙やカンバスは製作や持ち運びが容易になり、コストも安くなったということ。

教35ページ

1 **三次元空間《さんじげんくうかん》** 一般にいう「空間」。縦と横、上下に移動することができる空間。

2 **拡張《かくちょう》** 範囲や勢力、規模などを広げて大きくすること。

4 **フリーハンド** 定規やコンパスなどを使わずに図を描くこと。

4 **「二つの意味」とは、何を指すか。**

答 写真や絵画などの静止画から動画へというコンテンツの「動」への変化と、「可搬性」というメディアそれ自体の「動」への変化。

11 **飛躍的《ひやくてき》** 急激に進歩・向上するさま。

15 **端末《たんまつ》** ネットワークに接続されたシステムにおける末端装置。

15 **駆動《くどう》** 動力を加えて動かすこと。

1 「人類のメディア史における画期となったのは、やはり『紙』の誕生でしょう。」（32・4）とあるが、このようにいえるのはなぜか、考えてみよう。

解答例 「紙」の誕生によって、メディアに可搬性が備わったから。

2 「パピルスと羊皮紙という原始的な形での『紙』」（32・5）とあるが、「パピルス」と「羊皮紙」の特徴を整理してみよう。

解答例 パピルス…片面にしか筆記できず、よく破れる。巻物のためかさばり、可搬性が低い。
羊皮紙…正確に書け、保存もでき、折りたたんで持ち運べるので、パピルスに比べて記録性も可搬性もよい。一枚一枚職人が皮を剝いで延ばして作るためコストが非常に高い。

3 「大変に大きな進歩でした。」（33・10）とあるが、「絵画」にどのような変化があったのか、整理してみよう。

解答例 壁画の場合、見る側の人間の実際の移動がなければ鑑賞できなかったが、絵画の場合、見る側の人間の方に絵画を持ち運ぶことができるようになった。

4 メディアにおける「『動』への変化」（35・9）とは、どのようなものであり、それが「メディアの進化」（35・12）とどのように関係しているのか、筆者の主張をまとめてみよう。

解答例 メディアにおける「『動』への変化」とは、絵画や写真などの静止画から動画へというコンテンツの「動」への変化と、「可搬性」というメディアそれ自体の「動」への変化のことである。三次元空間での人間の行動やイマジネーションを制限しないこと、壁画から紙を経て現代のスマートフォンなどのモバイル端末への進化の流れを考えると、「メディアの進化」に大きな影響を与えたのは、後者の「動」への変化だといえる。

言葉と表現

1 本文で取り上げられているメディアの具体例を整理し、それらが、本文の展開上、どのような役割をもっているか、考えてみよう。

解答例 メディアの進化の歴史に着目して、本文を次の三つに分けて展開している。

壁画や彫刻、石板、動物の骨、青銅器などを例に挙げて、「紙」が誕生するまではメディアに十分な可搬性がなかったことを説明している。

パピルス、羊皮紙、紙、カンバス、東洋の紙などを例に挙げて、「紙」誕生によりメディアが可搬性を備え、記録性がよくなったことを説明している。

写真、映像、スマートフォンなどのモバイル端末を例に挙げて、可搬性という「動」の自由度の変化がメディアの進化の歴史に大きな影響を与えていると主張している。

語句と漢字

1 次の傍線部の漢字を用いて別の熟語を書いてみよう。

①塗る　②堅い　③普及　④端末

解答 ①塗炭・塗料　②堅強・堅実　③普段・普通　④極端・発端

3 的確に伝える

導入 設計図を最初に渡せ！

藤沢晃治《ふじさわこうじ》

教科書P.38〜41

●要旨

口頭説明や文章で人を説得する場合、相手に一番伝えたいことを最初に告げ、順次、詳細な情報を説明したほうがよい。これによって相手は、詳細情報の位置づけや役割を理解しつつそれらを効率的に組み立てて、「一番言いたいこと」を理解することができる。

●段落

本文は、叙述の内容により二つの段落に分けられる。

一　教P38・1〜P39・7　設計図の役割

二　教P39・8〜P41・5　相手に情報を効率よく伝えるには

段落ごとの大意と語句の解説

第一段落　教38ページ1行〜39ページ7行

渡された部品で何かを組み立てなければならないとき最初に設計図を与えられなかったら、完成したら何ができあがるかもわからず、組み立て作業は滞ってしまう。逆に、最初に全体の設計図が示されたら、各部品の位置づけや役割が分かりやすく組み立てやすい。

教38ページ

1 **唐突《とうとつ》**　突然。不意に。だしぬけなさま。

3 **詳細《しょうさい》**　詳しく細かい内容。

3 **戸惑《とまど》う**　ここでは、相手が何を説明するのかも告げずにいきなり詳細を話し出すことによって、相手が何を言いたいのか、意図が読めずに困ること。

6 **該当《がいとう》**　ある条件や例、資格などに当てはまること。

7 **脳《のう》に送《おく》られてくるそれらの部品《ぶひん》**　説明を聞いたり文章を読んだりするときに、耳や目から入ってくる一つ一つの単語。

9 **設計図《せっけいず》**　建造物や機械などの形や構造、寸法などを一定のきまりに従って記した図面。この文章では、口頭説明や文章の要点や概要のたとえとして用いられている。

教39ページ

1 **厄介《やっかい》**　扱うのに手間がかかり、めんどうなこと。ここでは、何を組み立てるのかも分からないのに部品だけがある状態で、何を組み立てればよいのか、部品をどう使えばいいのか悩み、スムーズに作業が進まないことを指している。

1 **各部品《かくぶひん》の位置《いち》づけや役割《やくわり》**　部品が完成形のどの位置に設置されるのか、どのような役割を担うのか、ということ。

3 **滞《とどこお》る**　ものごとが順調に運ばないこと。はかどらない。

5 **キット**　模型や機械などを組み立てるのに必要な材料一式。

第二段落　教39ページ8行〜41ページ5行

口頭説明や文章で人を説得する場合も、相手に最初に設計図（自分が一番伝えたいこと）を渡してから部品（詳細な補足情報）を渡すとよい。相手は「言いたいこと」を先に渡されることで、「何を組み立てればよいか」という目標が与えられるので、詳細情報の位置づけや役割を理解しつつそれらを効率的に組み立てて、「一番言いたいこと」に到達することができる。

8 **冒頭《ぼうとう》からいきなり部品《ぶひん》を渡《わた》さず、まず設計図《せっけいず》を渡《わた》しましょう**　いきなり詳しい内容から説明し始めるのではなく、最初に何を伝えたいのか、話の要点を伝えましょう、ということ。

13 **効率的《こうりつてき》に組《く》み立《た》てていく**　相手が、最初に伝えられた要点をもとに、詳細情報が要点とどのように関係する説明なのかを適切に理解していく、ということ。

教40ページ

5 **動機《どうき》**　人が決意したり、行動を起こしたりする直接のきっかけ。

13 **①の部品《ぶひん》の位置《いち》づけや役割《やくわり》**　⑥「だから、彼は犯人ではありません。」と言うことができる「部品」としての情報。

教41ページ

1 **裏《うら》づけ**　あるものごとが確実であると、他の面から証明すること。

4 **何《なに》が言《い》いたいんだろう？**　①〜⑥を分かりやすく伝えるには、最初に設計図（「一番言いたいこと」）である⑥「彼は犯人ではありません。」を示す。次に、コンビニに関する部品（情報）①②と靴に関する部品③④、彼の動機に関する部品⑤に分ける。①②と③④の順は問わないが、⑤は⑥につながる一番大きな情報になるので最後に示すのがよいだろう。したがって、⑥①②③④⑤⑥もしくは⑥③④①②⑤⑥の順に組み立てればよい。

伝わるように話す

教科書P. 42〜45

語句の解説

教42ページ

上2 **荒天《こうてん》**　風、雨や雹《ひょう》などの降水、気温の変化などが激しい、人間の生活が脅かされるような悪天候。「こうてん」は「好天」「好転」など同音異義語が多いので、音声で伝える場合はわかりづらい。

教43ページ

7 **ジオラマ**　ミニチュアの人物やものと背景を組み合わせ、ある場面を立体的に表した模型。

教45ページ

上2 **落《お》ち合《あ》う**　打ち合わせておいて、ある場所で一緒になること。

ワーク① **次の内容が聞き手にわかりやすく伝わるように、一文を短く切ったり、意味のわかりにくい言葉を言い換えたりして話してみよう。**

考え方 まず、元の文章の問題点を考える。元の文章は一文のみで、文意がわかりにくい。また、議論の目的が最後に示されており、議論の目的、理由、背景などがわかりづらい。「今秋」には「今週」という同音異義語もあり、聞いたときに意味を判断しづらい。「思うんですが」はクラスのホームルームで話すのにふさわしい言葉づかいではない。以上の問題点を踏まえて修正すればよい。

解答例 この秋に行われる文化祭について議論したいと思います。元の予定では、修学旅行の事前学習で調査した京都について、ポスター発表とジオラマの展示をすることになっていました。しかし、製作費が不足しそうです。そのため、どうしたら予算内で収めることができるか、このホームルームの時間で議論したいと思います。

ワーク② **…内容の順序やまとまりに気をつけ、どのように伝えればよいか考えてみよう。**

考え方 箇条書きの《伝えたいこと》に右側から①～⑤の番号をふってみよう。となりのクラスの担当者に報告する目的(⑤)を最初と最後に伝える。次に①～④をA「自分のクラスで決定した企画(②)」、B「企画が決定するまでの経緯(①③④)」などの情報のまとまりに分け、A(②)とB(①③④)をどのような順序で話すか考えればよい。

解答例 この秋の文化祭の企画について参考までに聞かせてください。ちなみに、私たちのクラスは、修学旅行の事前学習の成果をポスターにまとめて掲示することになりました。本当はジオラマの展示も予定していたのですが、予算と時間の関係でやめました。その代わり、映像を映すという案が出ています。ただ、機器が用意できるか確認する必要があるので、現在保留中です。検討の参考にしたいのでクラスでやることを教えていただけますか。

課題① **【資料1】の地図と〈状況〉をもとに、A(案内する側)、B(案内される側)に分かれて、A役は、Bを集合場所まで道案内してみよう。B役は、自分の現在位置を地図中の①～③より選び、その番号は伝えずに自分のいる場所をAに説明してみよう。**

考え方 Bの現在地(①②③)によって三通りの解答ができる。自分の現在位置を伝える場合、自分の正面や左右、後方に何が見えるかを具体的に伝える。特に①と②はどちらも大きな交差点前なので、十字路なのかT字路なのか、大きなビルが見えるのは右側なのか左側なのかを伝える。道案内する側も、Bの正面の向きによって左右が違ってくるので、①の場合「右手にコンビニが見えたら、そのまままっすぐ二つ信号を越えて」、②の場合「左手にコンビニ、その前方に病院がある方向」など、具体的に表現する。

課題② **【資料2】の図と〈状況〉をもとに、生徒たちに指示を出してみよう。**

考え方 最初に、生徒たちに整列した完成形を伝え、具体的にイメージできるようにする。次に各クラスへ、目印の体育館を基準に時計回りにDBCA、混雑を避けるために遠い方から順にACBDなど、効率やわかりやすさを考えて指示を出す。何列で並ぶのか、顔が校舎側を向く、などの指示も正しく伝えよう。

わかりやすく書く

教科書P.46～48

ワーク① **校内の生徒向けに映画上映会のお知らせを作ることになった。どのような情報が必要か考えてみよう。**

考え方 まず目的を確認する。ここは映画上映会への参加の呼びかけである。相手が校内の生徒なので、地図や住所、連絡先といった校外向けの情報は不要である。

解答例 ・実施の目的(キャッチコピー・見出し)
・日時、場所、当日のスケジュール　・上映作品の紹介
・注意事項・備考(参加方法、持参物、禁止事項など)
・主催者(問い合わせ先)

ワーク② **左は冒頭のレシピの修正案である。わかりやすくなった点を指摘してみよう。**

考え方 「ウォームアップ」のレシピの伝わりにくい点をまとめる。
・材料がいろいろなところに書かれており、最後まで読まないと何がどれくらい必要なのかわからない。
・作業手順が効率的ではない。
・レシピなので、ホットプレートでの調理方法は不要。入れる場合は参考扱いにしたほうがよい。
・材料と作業とワンポイントアドバイス的な情報が羅列されているので読みづらい。
以上の問題点が改善されているかどうか、その他工夫されている点はないか、といった視点で確認する。

解答例 ・材料と手順に項目が分けてある。
・材料は箇条書きに、手順はナンバリングされている。
・ナンバリングや「・」、文の行頭がそろっているので見やすい。
・見出しの書体がゴシック体の太字になっていてわかりやすい。
・ワンポイントアドバイス的な情報が(　)でくくられている。
・不要な情報が削除されている。

課題① **①「小学生の食農体験会」に参加するボランティアスタッフに、【資料】のことを伝えたい。この要素をもとに、当日の作業マニュアルを作成してみよう。また、ほかにも必要な情報がないか考えてみよう。**

考え方 【資料】の箇条書きに①～⑨のナンバリングをし、内容から、「場所」「スケジュール」「詳細」「補足事項」といった項目に分ける。
・場所…①　・スケジュール…②③⑥⑨
・詳細…④(人数)、⑧(班分け)　・補足事項…⑤⑦
これらの情報を、ボランティアスタッフにとって重要度が高い順を考えながらマニュアルを作成する。また、箇条書きやナンバリングの他、スタッフの名簿や役割分担を表で表すなど、視覚的にもわかりやすくするとよい。

解答例 他にも必要と考えられる情報
・カレーのレシピの手配。　・小学生の解散の仕方。
・畑の草むしりおよびナスの収穫はどのような段取りで行うか。
・小学生とスタッフの顔合わせやお別れはどうするか。　など

社会への視点①――さまざまな規約

教科書P.49〜50

語句の解説

教49ページ
1 **規約《きやく》** ある団体内で協議して決めた規則。
2 **条例《じょうれい》** 地方公共団体が各々の自治権に基づき、法令の範囲内で議会の議決によって制定した法。

教50ページ
7 **匿名《とくめい》** 本名を隠して明かさないこと。
9 **寛容《かんよう》** 心が広く、人の言動を受け入れ、他人の過失や欠点を責めないこと。
26 **啓発《けいはつ》、啓蒙《けいもう》** どちらも、人に教育や気づきを与えて、良い方向へと教え導くこと。

ワーク① **次のような場合、利用申請は必要だろうか。上の「よくある質問」をふまえて、考えてみよう。**

解答例 ①必要　「宣伝する」とは世間一般に広く知らせることなので、申請を不要とする個人の利用に当てはまらないから。
②必要　「制作経費と同額で販売」ということは利益目的ではないが、販売の対象が「町内のバザー」の不特定多数であり、利用申請を不要とする例(4)(5)に該当しないと考えられるから。

課題① **②身近な活動について、マニュアルを作成してみよう。**

考え方 部活動の練習や発表会の段取り、委員会などの仕事、文化祭や体育祭などのイベントの運営。高齢者や初心者向けのインターネット・スマホの使い方、ペットの世話、料理のレシピなど。

ワーク② **身のまわりのルールをQ&A形式で紹介してみよう。**

考え方 インターネットなどで調べるとわかりやすい。公共施設の利用方法やイベントの案内、サービスや特典の付与などには注意点や補記、備考が説明されていることが多いので、参考にするとよい。

ワーク① **上の条例について、**
①特徴的な表現を指摘してみよう。
②どのような課題を解決するために制定されたものかを考え、解決策として有効かどうか話し合ってみよう。

考え方 ②条例は各地方自治体でさまざまなので、インターネットなどで調べてみるとよい。また、条例には一般の案内等には見られない独特の言い回しがあるので、表現も参考にする。

ワーク② **身のまわりの課題を解決するために、自分でも「条例」の案を考えてみよう。**

考え方 インターネットなどで調べた「条例」の例を参考にする。また、身のまわりの課題としてどのようなものがあるか、本や新聞、インターネットなどで探す。

4 意見を示す

発想を広げる

教科書P.52〜55

語句の解説

教53ページ

【ブレーンストーミングのポイント】

つじつま 合うべきところがきちんと合っているものごとの道理。

自由奔放《じゆうほんぽう》 周囲を気にせず、自分の思うままに行動するさま。

質《しつ》より量《りょう》 質の良さよりも量の多さのほうを重視する考え方。

教54ページ

2 **観点《かんてん》** ものごとを考察・観察するときの立場。見地。

教55ページ

5 **アピール** ものごとを他者や世論などに広く積極的に訴えること。

ワーク① 右のブレーンストーミングのポイントを押さえ、次のテーマについて、グループで五分間さまざまなアイディアを出し合ってみよう。

考え方 ①②共通。まずは、それぞれが思いつくままにアイディアを出し合う。他の人が出したアイディアに賛同したり、さらに派生させたりするのもよい。挙がってきたアイディアは付箋や電子ホワイトボードなどにまとめていくと、後で整理しやすい。

ワーク② これは、あるレストランで出された新商品開発のアイディアの一部である。これらのアイディアの特徴をふまえ、次の図を参考に観点を立てて、グループで五分間整理してみよう。また、ほかにどんな新商品が考えられるか、観点に沿って話し合ってみよう。

考え方 教科書の図のような整理の仕方を「座標軸」という。はじめから四つの観点を挙げるのは難しいかもしれない。まずは二つの観点をより多く挙げ、教科書のような図にしたい場合は、それらの観点を組み合わせよう。

解答例 〈観点〉・価格…高価格—低価格

・材料…国産—産地を問わない　・ボリューム…一人用—シェア用

・客層…一人客向け—ファミリー向け

・味…甘口—辛口　・嗜好《しこう》…グルメ—ヘルシー

・雰囲気…カジュアル—フォーマル　など

〈新商品〉A(味の観点で)ドミグラスソースたっぷり和牛ステーキ—きのことおろしポン酢のハンバーグ—スパイシーカレー風味のチキンソテー

C(嗜好の観点で)○○産大粒いちごを使った究極のミニショートケーキ—糖質ゼロのさっぱりチョコレートムース　など

ワーク③ **ワーク①で出し合ったアイディアを、ワーク②のような図の形に整理してみよう。**

解答例 **ワーク①** ①・形態…一人―集団
・使用ツール…ノート―タブレット
・やり方…まとめ―問題演習　・時間帯…夜型―朝型　など

ワーク① ②・出しもの…飲食の提供あり―なし
・PR方法…呼びこみ―動画作成―案内チラシ
・PR対象…校内―校外　・来場者…参加型―鑑賞型
・場所…教室―ステージ―校庭　など

課題① **グループに分かれて、次の①～⑤のテーマから一つを選び、アイディアを出し合ってみよう。また、観点を立ててアイディアを整理しよう。**

考え方 付箋などを活用しながらブレーンストーミングでアイディアを出し合おう。アイディアの整理の仕方にはいくつか種類がある。②③④などは「座標軸」で整理するとわかりやすい。「座標軸」の他にもいろいろな整理の仕方があり、教科書246ページに説明されているので参照しよう。①は「アピールポイント」をテーマにして、「KJ法」や「マップ法」で整理することができる。⑤は観点を三つ・四つにしぼり、紙面を三分割もしくは四分割した領域に、その観点を当てはめ、出てきたアイディアを整理してみるとよい。日本に暮らしている言語や文化が異なる人々にとっての「やさしい日本語」とはどのようなものか、多面的に捉えることができる。（三つの観点と領域に分けて整理する方法を「Yチャート」、四つの観点と領域に分ける方法を「Xチャート」という。）

意見を書く

教科書P.56～61

語句の解説

教57ページ

10 **長《ちょう》蛇《だ》の列《れつ》**　蛇のように長々と続く行列。

教60ページ

17 **監修者《かんしゅうしゃ》**　著作物の著述や編集などを監督・指揮する人。

17 **執筆者《しっぴつしゃ》**　文章を書く人。筆記やタイピングなど手段は問わない。

ワーク① **次の文章を読み、主張を述べている箇所と、その根拠が述べられている部分を指摘してみよう。**

解答 主張…自動化は便利ですし、私はいいことだと考えています。
根拠…先日、スーパーのレジが……楽になったと話していました。

ワーク② **次のテーマで意見を書くことを想定し、構成メモを書いてみよう。**

考え方 ②構成メモ（教59ページ）を参考にして、「1問題提起とそれに対する自分の意見」「2自分の意見の根拠」「3想定される反対意見」「4反対意見に対する反論」「5主張」という構成で書く内容を整理するとよい。

解答例 ①構成メモ（教59ページ）の空欄補充　※構成メモの文章は

定型文としての一例なので、空欄前後に自然につながる形でなくてもよい。

一 電子辞書がよい

二 軽くてかさばらないし、紙の辞書より検索に手間がかからず簡単に調べられる

三 監修者や執筆者が明記されていることもあり、内容の質が高く、信頼できる

四 持ち運びが不便なので、いつでもどこでも気になったら調べられるわけではなく、自然と利用頻度も低くなる

五 手軽な電子辞書のほうがよい

課題❶ **①以下のテーマについて、四〇〇～六〇〇字程度で意見を書いてみよう。**

(1)クラス全員が同じ教室で一斉に授業を受けるのと、学習進度別に少人数で授業を受けるのとでは、どちらが学習の効果があがるだろうか。

(2)ＳＮＳは私たちの生活にとって、不可欠なものだろうか。

②「プラスチック汚染からは逃げられない」（62ページ）を読み、今後海洋プラスチックとどのように向き合ったらよいか、理由を明確にして、六〇〇～八〇〇字程度で意見を書いてみよう。

考え方 ①②共通。構成メモを書くことからスタートする。ワーク❷と同じ要領で、五つの観点にしたがって、書くことを整理する。実際に書く際は、「なぜなら／それは」「たしかに」「しかし」「したがって／よって」などの接続表現を適切に入れると書きやすく伝わりやすい。「1問題提起とそれに対する自分の意見」と「5主張」は端的に言い切り、字数の過不足は構成2～4で調整するとよい。また、反対意見を書くには、自分が反対意見の人の立場になったとき、どのようなデメリットを被るかを考えてみるとよい。

5　論理をとらえる

動的平衡としての生物多様性

福岡伸一《ふくおかしんいち》

教科書P.69〜75

●学習のねらい

帰納と演繹《えんえき》に着目して文章の論理を正確にとらえ、筆者の主張とその根拠の関係を理解する。

●要旨

生命とは動的平衡である。これによって、生命は環境に対して適応的で、変化に対しても柔軟でいられる。さらに、動的平衡は生命の外部、生命と生命の関係性にもおよび、地球環境全体もまた動的平衡だということができる。地球上の生命は、自分の持ち場で物質・エネルギー・情報を絶えずやりとりすることによって動的平衡を支えているので、生物の急な消滅は、その動的平衡を脆弱《ぜいじゃく》にし、乱すことにつながる。現在、人間の諸活動が多くの生物種の絶滅を招き、地球の動的平衡に負荷をかけている。人間は、生物多様性の保全のために、専有から共有へパラダイムシフトをしなければならない。

●段落

本文は、「導入・具体例の提示・論の展開・結論」という四段構成になっている。

一　教P69・1〜P69・11　筆者の研究から導き出された考え
二　教P69・12〜P71・16　「動的平衡」の具体例
三　教P72・1〜P73・9　「オイコス」という考え方
四　教P73・10〜P74・8　パラダイムシフトの必要性

段落ごとの大意と語句の解説

第一段落　教69ページ1行〜69ページ11行

生物学者として「生命とは何か」という問題を考えながら遺伝子や細胞などの研究を進めてきた結果、生命とは「動的平衡である」と考えるようになった。生命は、内部の分解と合成、摂取と排出を更新しながら関係を維持しており、動的平衡であるからこそ環境に対して適応的で、変化に対しても柔軟でいられる。さらに、動的平衡は生命の外部、生命と生命の関係性にもおよび、地球環境全体もまた動的平衡だということができる。

教69ページ

1 **遺伝子《いでんし》**　人間の体をつくる設計図のようなもの。「核」と呼ばれる部分に「染色体」があり、この中の「DNA(デオキシリボ核酸)」が「遺伝子」として働いている。

1 **細胞《さいぼう》** 生物体を構成する形態上・機能上の基本単位。

2 **モチーフ** 創作の動機となった主要な思想や題材。ここでは、筆者の研究の動機を指す。

5 **生命内部《せいめいないぶ》の分解《ぶんかい》と合成《ごうせい》、摂取《せっしゅ》と排出《はいしゅつ》の流《なが》れ** 例えば人間は、食物を体内へ取り込み、消化酵素によって細胞が吸収できる大きさに「分解」し、生命活動に必要なエネルギーや物質などを「合成」する。そして、生命活動の結果生じた不要物や有害物質などを尿や便などの形で体外へと「排出」する。これらのサイクルを指した表現。

*「摂取」＝ここでは、体内へ取り入れること。

6 **更新《こうしん》** 古いものを新しくあらためること。

6 **関係性《かんけいせい》が維持《いじ》されています** 生命を構成している各要素が、分解と合成、摂取と排出の流れによって絶えず更新されながら、バランスを崩すことなく関係性を保っているということ。

*「維持」＝ある物事の状態を変えることなく保ち続けること。

7 **ジグソーパズル** 厚紙に印刷された写真や絵をばらばらに分割し、その断片(ピース)を元に戻して復元する玩具。はめ絵。

1 ここでの「動的平衡」とは、どのようなものか。

答 生命を構成する各要素が、内部で行われる分解・合成・摂取・排出によって更新され、環境の変化に柔軟に適応すること。

9 **柔軟《じゅうなん》** ここでは、一つの在り方や立場にこだわらず、その環境や変化に応じて自分を変えていくこと。

第二段落 教69ページ12行〜71ページ16行

地球上の生命は、自分の持ち場(ニッチ)の中で物質・エネルギー・情報を絶えずパスし合っており、すべての生物は動的平衡を支えているということができる。地球上のいろいろなところに多くの生命が存在して相互関係が複雑であるほど地球環境の動的平衡は強靭《きょうじん》になるため、生物の急な消滅は動的平衡を脆弱にし、乱すことを意味する。

教70ページ

1 **パス** ここでは、生物同士が「物質・エネルギー・情報」を送り合っていること。

3 **その循環《じゅんかん》** 植物と他の生物の関係の場合、他の生物が食物からエネルギーを取り出すときに排出する二酸化炭素を、植物が太陽エネルギーを使って酸素と有機物に戻し、またそれを他の生物が受け取って活動する、ということを繰り返すこと。

4 **滞《とどこお》り** 物事が順調に運ばないこと。はかどらないこと。

6 **強靭《きょうじん》** しなやかで強い様子。

2 「生物多様性が大切な理由」とは、何か。

答 多様な生物が、物質・エネルギー・情報などの受け渡しを複雑に行うほど地球環境の動的平衡が強靭なものになること。

10 **柑橘系《かんきつけい》** 柑橘類。ミカン科のカンキツ属、キンカン属、カラタチ属などに属する果実の総称。

12 **棲《す》み分《わ》け** 生活様式が似ている複数の生物群が、生活場所や生活時間・時期を分け、生存競争を回避しながら共存する現象。

12 **無益**《むえき》　無駄なこと。

教71ページ

1 **せめぎ合**《あ》**い**　互いに対立して争うこと。

3　「この持ち場」とは、どのようなことか。

答　ある種が生態系の中で占めている固有の生息環境のこと。

7 **呼気**《こき》　鼻や口から吐く息。

8 **還元**《かんげん》　ここでは、植物が二酸化炭素を取り込んで糖やデンプンなどの有機物などに変える光合成のことを指す。

8 **排泄物**《はいせつぶつ》**を浄化**《じょうか》**してくれる**　菌類や細菌などの微生物が、生物の糞《ふん》や死骸などを栄養として取り入れて分解し、植物の生育に必要な養分や二酸化炭素などに変えることを指す。

8 **相互依存**《そうごいぞん》　互いに、相手がいなければ物事が成り立たない状況。

＊「依存」＝いそん。他のものに頼って存在・生活すること。

10 **脆弱**《ぜいじゃく》　もろくて弱いこと。

13 **捕食者**《ほしょくしゃ》　他の動物をエサとして捕らえて食べる動物。

13 **分解者**《ぶんかいしゃ》　生物界において、生物の糞や死骸などの有機物から栄養分を得て無機物に分解するはたらきをする生物。

4　**「地球の動的平衡は…カタストロフィーに至る可能性があります。」とあるが、それはなぜか。**

答　人間の都市活動などで地球の動的平衡を支えている多様な生物が急速に絶滅に追い込まれた結果、生態系の平衡が崩れ、人間をふくむ生物がいろいろな形で受けていた恩恵を失い、他の生物たちも生存が危ぶまれる悲劇的な状況に陥るから。

16 **積**《つ》**み木崩**《きくず》**し**　生態系のバランスが崩れることで地球の動的平衡が崩壊する様子を、積み木が一瞬で崩れる様子にたとえている。

第三段落　教72ページ1行〜73ページ9行

ここ一〇〇年ほどのあいだに起きている生物種の絶滅の多くは、人間の諸活動の結果として生じたと考えられる。人間は、生物多様性の保全のために、他の生命をふくめた自分たちのすみかのあり方を考える責任を負わなければならない。

教72ページ

3 **人間**《にんげん》**の諸活動**《しょかつどう》　ニホンカワウソの例による乱獲や都市化の他、森林の伐採、ダムの建設、外来種の持ち込み・放棄など。

4 **乱獲**《らんかく》　自然環境にある野生の動植物などを、自然に増える速度を超えて大量に捕獲すること。

6 **二酸化炭素**《にさんかたんそ》**は環境**《かんきょう》**にとって目**《め》**の敵**《かたき》　今、二酸化炭素が地球温暖化の要因となっていることを指す。

＊「目の敵」＝自分に害をなす相手とみなして敵視すること。

11 **地球**《ちきゅう》**の動的平衡**《どうてきへいこう》**に負荷**《ふか》**がかかっている**　人間が化石燃料を燃やしすぎ、緑地を必要以上に減少させたことによって二酸化炭素の排出が増えて地球温暖化が進み、動植物の生息地が脅かされて絶滅の危機にさらされ、生物多様性が失われつつあること。

5　**「生物多様性を保全することの理由」は何か。**

答　人為的な要因によって、地球の動的平衡が乱されることに対して、人間がその責任を負わなければならないこと。

15 **保全《ほぜん》**　安全な状態を保つこと。

教73ページ

7 **端的《たんてき》**　はっきりしていること。

第四段落　**教73ページ10行～74ページ8行**

一七世紀にはじまった、人間の理性の優位性を信奉し、人間以外の生物をみな機械的なものとみなす思考は、現代においては行き詰まりを見せている。人間は、世界に動的な平衡を回復するために、専有（エゴ）から共有（エコ）へパラダイムをシフトする必要がある。

10 **信奉《しんぽう》**　ある学説や主義、宗教などを最上のものと信じて従うこと。

10 **世界《せかい》のあらゆる因果律《いんがりつ》を制御《せいぎょ》しようとする考《かんが》え方《かた》**　世界中のあらゆる事象は原因と結果の関係にあると考え、すべて科学の力で解決できるとする考え方。

＊「制御」＝相手をおさえつけて自分の思うままに支配すること。

12 **多《おお》かれ少《すく》なかれ**　多い少ないの差はあっても。

6

「そのパラダイムは…袋小路に至っている」とは、どのようなことか。

答

人間以外の生物は機械的なものだから、人間のためにどのように利用してもよいという考え方では、今起きている問題を解決することができないということ。

14 **袋《ふくろ》小路《こうじ》**　ここでは、物事が行き詰まった状態をたとえている。

教74ページ

3 **シンプル**　単純なさま。

4 **専有《せんゆう》**　自分の所有とすること。対義語は「共有」。

4 **共有《きょうゆう》**　一つのものを複数の人が共同で持つこと。対義語は「専有」。

4 **パラダイムをシフトしなくてはならない**　思考を根本的に変えなければならないということ。

7 **精妙《せいみょう》**　極めて細かく巧みである様子。

学習のポイント

1　**本文中で筆者は地球上の生命を「優秀なサッカーチーム」（69・12）にたとえて論を展開している。次の表現はどのようなことをたとえたものか、それぞれ説明してみよう。**

①「パスが繰り出されます。」（70・3）
②「プレーヤーとしての相互関係」（70・8）
③「動的平衡を支えるプレーヤー」（71・9）
④「プレーヤーの退場」（71・15）

解答例　①生物間において、物質・エネルギー・情報のやりとりが行われること。
②地球環境の動的平衡を支えるために、生物同士が物質・エネルギー・情報を受け渡し合いながら互いに関係を持っている状態。
③捕食・還元・排泄・浄化などの相互依存関係によって地球の循環や動的平衡に関わっているすべての生物。
④生物種が絶滅すること。

2　**「オイコスの美」（74・7）とはどのようなことか、説明してみよう。**

解答例　生物たちがそれぞれのニッチを守ることで、自然界が精妙に動的平衡を維持しているということ。

3　**筆者は「動的平衡」について、どのようなことを主張しているか。主張の根拠に注目しながら、本文を四〇〇字程度でまとめてみよう。**

考え方　この文章における筆者の主張は「動的な平衡を回復しなくてはならない」ということである。第二段落より理想の動的平衡の状態を、第三段落より動的平衡の現状を、第四段落より問題を解決するにはどうすればよいかを捉えてまとめる。

言葉と表現

1　**「害虫」(71・11)にかぎ括弧を付けた筆者の意図について考えてみよう。**

解答例　蚊やゴキブリも、生態系において、何らかの役割を分担して地球の動的平衡を支えてきた存在である。それを害虫とみなすのは、人間が都市生活をする上で害を及ぼすという一方的な見方によるものだということを強調するため。

2　**筆者の主張について、演繹的に述べている箇所、帰納的に述べている箇所を指摘してみよう。**

解答例　演繹的に述べている箇所　第一段落における筆者の主張の生命とは「動的平衡である」に対して、第二段落で「生命が動的平衡であるがゆえに、生命は環境に対して適応的で、また変化に対して柔軟でいられる」と説明している。第六段落で、地球上の生物すべてに「持ち場」があると述べ、蝶《ちょう》の幼虫を例に挙げて、生物が自分の持ち場を決めて棲み分けを行っていることを説明している。
帰納的に述べている箇所　第八段落の蚊やゴキブリのような害虫、第十段落の二酸化炭素の例を挙げて、第十一段落で「人為的な要因によって、地球の動的平衡が乱され」ていると説明している。

語句と漢字

1　**次の空欄に共通して入る語句を考えてみよう。**

①ライバルを(　　)の敵にする。
②先生に(　　)をかけられる。
③甘い物には(　　)がない。

解答　目

2　**次の傍線部の漢字の読みを書いてみよう。**

①彼は柔軟なものの考え方ができる人だ。
②柔和な笑顔を浮かべた老婦人。

解答　①じゅうなん　②にゅうわ

3　**次の傍線部の漢字を用いて別の熟語を書いてみよう。**

①維持　②依存　③信奉　④端的
⑤更新　⑥滞る　⑦乱獲　⑧負荷

解答例　①繊維・維新　②依頼・依願　③奉公・奉仕
④発端・異端　⑤変更・更生　⑥渋滞・停滞
⑦捕獲・獲得　⑧自負・抱負

自然と人間の関係をとおして考える

内山《うちやま》　節《たかし》

教科書P.76〜84

●学習のねらい

各形式段落の役割を理解しながら、筆者の主張とその根拠の関係を的確に捉える。

●要　旨

人間と自然は常に敵対しているわけではなく、人間が自然を利用することによって生物種の多様性をつくりだし、生命力が高められるケースも多くあった。しかし、今日おこなわれている自然の改造は自然を傷めてばかりいる。自然と人間の間に無事な関係を維持するためには、自然を守る主体は地域主権を軸にして形成するべきであり、地域の人々が長い歴史のなかで身につけてきた、自然を利用しながら守る技と知恵や伝統の継承が必要である。これは、近代社会の持つ、知恵や技よりも知識や技術を大事にし、歴史の継承よりも歴史の発達を重要視する価値基準と対立している。自然が必要とする時間は、永遠の循環を続け、常に過去を継承し続けるような時間である。自然と人間の間に発生するトラブルを解消するためには、一つの進歩は別の面での後退をもたらすという事実に気づき、自然の時間を保証できる人間の営みを再創造しなければならない。

●段　落

本文は、叙述の内容から大きく前段と後段の二段落に分けられる。各段落内の形式段落も、内容と役割の観点で分けることができる。

※①〜⑳は、形式段落を表す。

前段	教P76・1〜P80・4	自然と人間の関係
①・②	教P76・1〜P76・7	導入
③〜⑧	教P76・8〜P78・12	展開
⑨〜⑪	教P78・13〜P79・14	結論
⑫	教P79・15〜P80・4	後段への導入
後段	教P80・6〜P83・9	近代社会の価値基準と自然荒廃
⑬	教P80・6〜P80・8	序論
⑭〜⑲	教P80・9〜P83・6	本論
⑳	教P83・7〜P83・9	文章全体における結論

段落ごとの大意と語句の解説

前段　教76ページ1行〜80ページ4行

人間と自然は常に敵対関係にあるわけではなく、人間が自然を利用することによって生物種の多様性をつくりだし、生命力が高められるケースも多くあった。しかし、今日おこなわれている自然の改造は自然を傷めてばかりいる。この違いは、それぞれの地域がつくりだしてきた伝統的な方法によって自然に働きかけているか、それとも、伝統的な方法を顧みることなく、近代技術をもって自然を改造しているかという点にある。農山村や漁村に暮らす人々は、その地域の長い歴史のなかでつくりだしてきた技と知恵をもって自然を利用・改造しながら無事な関係を維持してきた。つまり、自然保護の主体は基本的に地域でなければならず、その地域の人々が長い歴史のなかで身につけてきた、自然を利用しながらも守る技と知恵や伝統を継承する必要があるのである。しかし、近代社会の価値基準は知恵や技よりも知識や技術を大事にし、歴史の継承よりも歴史の発達を重要視したため、自然とは対立的だった。

教76ページ

1 **荒廃《こうはい》**　土地や建物が荒れ果てること。

2 **いわば**　たとえて言うなら。言ってみるなら。

2 **顧《かえり》みない**　ここでは、「顧みる」は心にとどめて考える、気にかけるという意味。

4 **ここ**　企業が自然を破壊するような大規模な開発をおこない、行政が、そのような開発をする企業に厳しい対応をしなかった段階を指す。

4 **加害者性《かがいしゃせい》**　他人に危害や損害を与えようとする行動や傾向。

6 **それ**　自分たちは自然に対する加害者ではないという意識のもと、自然の大切さを顧みない企業や行政に自然を守れと主張していること。

6 **深入《ふかい》り**　度を越して深く関わること。関心をもちすぎること。

7 **自然《しぜん》と人間《にんげん》の間《あいだ》にある微妙《びみょう》な関係《かんけい》**　人間が生活し、産業を発達させるには自然の利用や改造も必要になる。しかし、自然には自然の時間の流れ方や永遠の営みといったものがあるので、人間が自然を利用したり改造したりする際には、自然のそのような事情も理解したうえで、自然との調和を崩さない方法を考えなければ、自然を破壊するだけに終わってしまうという関係。形式段落③の「カタクリの花」は、この「自然と人間の間にある微妙な関係」を具体的に述べるための例である。

教77ページ

10 **多《おお》かれ少《すく》なかれ**　数量や程度に多い少ないの差はあっても。いずれにしても。

1　**「このような面」とは、どのようなことを指すか。**

答　村人の里山利用は、ある一面から見ると元からある自然をこわしていく行為であるが、そのおかげで生物種の多様性がつくりだされているという一面もあること。

14 **ケース**　事例。場合。

16 **改造《かいぞう》**　ここでは、自然を人間の目的に合うようにつくり変えること。

教78ページ

2　**「この違い」とは、何か。**

答　自然を利用することで自然の生命力を高めることと、自然を改造することで自然を傷めることの違い。

2 **伝統的《でんとうてき》な方法《ほうほう》**　それぞれの地域に暮らす人々が長い歴史のなかで

つくりだしてきた、その地域に最も適した技や知恵によって、自然を傷めることなく改造したり利用したりする方法。

3 **近代技術《きんだいぎじゅつ》** 「伝統的な方法」と相反する、高度な科学技術などを指す。

7 **身《み》につけてきた** 経験をとおして、知識や習慣、技能などを自分のものとしてきたということ。

8 **維持《いじ》** ある物事をそのままの状態で保ち続けること。

11 **つかさどって** 役目として管理や監督をしたり支配したりすること。

12 **媒介《ばいかい》** 二つのものの間に立って、両者の仲立ちをすること。

12 **無事《ぶじ》な関係《かんけい》** 人間が、長い歴史や伝統のなかで身につけてきた技と知恵を用いて自然を利用したり改造したりしながらも自然を破壊することなく保っていく関係。

3 「このような事実」とは、どのようなことを指すか。

答 農山村や漁村などに暮らす人々が、長い歴史や伝統のなかでその地域に最も適した自然改造の仕方や利用の方法を身につけ、つくりだしてきた技と知恵を媒介として、自然と人間の間に無事な関係を維持してきたという事実。

14 **地域主権的《ちいきしゅけんてき》な** その地域が他のどこからも干渉されることなく、独自に意思決定できるさま。

教79ページ

3 **……を軸《じく》にして** ……を中心にして。

9 **驚嘆《きょうたん》** 驚き感心すること。

12 **継承《けいしょう》** 受け継ぐこと。

15 **このようなこと** 前の「その一つは」「第二に」「それに、もう一つ」という言葉に導かれている内容を指す。具体的には、

○自然保護の主体は、基本的に地域主権的なものではないかということ。

○人間が自然を利用しつつ守る方法は、地域の人々の技と知恵のなかにあるということ。

○自然と人間が無事な関係を維持していくには、歴史や伝統の継承という課題があるということ。

の三点である。なお、「いくつかのこと」(78・13)も同じ内容を指している。

15 **戸惑《とまど》い** どう対応してよいかわからず迷い、まごまごすること。

15 **近代社会《きんだいしゃかい》の価値観《かちかん》** 地域的な考え方よりも、広い地域で通用する普遍的な考え方のほうに価値があるとし、知恵や技、歴史の継承よりも知識や技術、歴史の発達のほうを重要視するという考え方。

教80ページ

4 「このような近代的価値基準」とは、どのような基準か。

答 その地域独自の考え方よりも広い地域で通用する普遍的な考え方に価値があるとし、知恵や技、歴史の継承よりも知識や技術、歴史の発達を重視するという基準。

後段 教80ページ6行～83ページ9行

近代社会は、時間は進歩や発達とともにあるという観念のもとで展開してきた。このことによって私たちは、進歩は別の面

での後退をもたらすという簡単な事実と、自然と人間の間に発生するトラブルを忘れてしまった。自然が必要とする時間は、永遠の循環をつづけるような、常に過去を継承しつづけるような時間であり、近代以降の人々の、時間は進歩とともに展開していくという考えは受け入れがたかったため、自然と人間の間に時間をめぐる不調和が生じるようになったのである。今日の自然荒廃の根底にこうした問題があり、自然の時間を保証できる人間の営みを再創造せずして、自然と人間の間に発生するトラブルは解消できない。

6 **時間《じかん》のなかに進歩《しんぽ》や発達《はったつ》という観念《かんねん》をすべり込《こ》ませる**　時間は進歩とともにあるという考え方をもつこと。

7 **精神《せいしん》の習慣《しゅうかん》**　心から信じて思い込み、疑問を抱くこともないほど日常化してしまっていること。

11 **後退《こうたい》の歴史《れきし》**　工業の発展がもたらした公害や、酸性雨、砂漠化、地球温暖化などの地球環境問題を指すと考えられる。

12 **視点《してん》**　ものごとを見たり考えたりする立場。観点。

15 **探索《たんさく》**　未知のものをさぐり調べること。

教82ページ

3 **有意義《ゆういぎ》**　意味や価値があると考えられること。

5 **ときに手《て》を合《あ》わせて月《つき》を祈《いの》りの対象《たいしょう》としてきた**　ここでは、非科学的な、信仰や宗教の一例として挙げられている。

8 **当時《とうじ》**　文脈から、航空宇宙技術が発達し、月の探索機が打ち上げられて月の表面の映像がテレビに映しだされた頃を指していると考えられる。

11 **自然《しぜん》と人間《にんげん》の間《あいだ》に発生《はっせい》するトラブル**　自然が必要とする時間は、永遠の循環をつづけるような、常に過去を継承しつづけるような時間であるのに対し、近代以降の人々は、時間は進歩とともに展開していくと考え、歴史をつくりだそうとしてきた。この自然と人間の間に生じる、時間をめぐる不調和のこと。

14 **展開《てんかい》**　ここでは、広がる、進むといった意味。

15 **受《う》け入《い》れがたい**　容易に受け入れることができない。

16 **永遠《えいえん》の循環《じゅんかん》をつづけるような時間《じかん》**　具体的には、「毎年同じような春がきて、夏がくる。そんな永遠に変わることのない時間」のこと。

＊「循環」＝ものごとが、同じような順序でひとめぐりして、また元へ戻ることを繰り返すこと。

教83ページ

6 **不調和《ふちょうわ》**　つり合っていないこと。

8 **保証《ほしょう》**　まちがいなく大丈夫だと認め、責任をもつこと。

学習のポイント

1　「いくつかのこと」（78・13）とは、どのようなことか、説明してみよう。

考え方　直後に続く内容から読み取る。「その一つは」「第二に考えなければならないことは」「それに、もう一つ考えなければならないことがある」といった語句に着目すればよい。

解答例　①自然保護の主体は、基本的に地域主権的なものなのではないかということ。
②人間が自然を利用しながらも守る方法は、その地域の人々がもっている技と知恵のなかにあるということ。
③自然と人間が無事な関係を維持していくには、歴史の継承、あるいは伝統の継承という課題がある、ということ。

2　**「二つのことを忘れた」（80・8）とあるが、「二つのこと」とは何か、考えてみよう。**

考え方　直後に続く内容から読み取る。「その一つは」「第二の点は」といった語句が手掛かりになる。

解答例　①一つの進歩は別の面での後退をもたらすという簡単な事実。
②時間に進歩という観念をすべり込ませたとき、自然と人間の間に発生するトラブル。

3　**次の①②の部分について、筆者がそのように述べる根拠を、本文に即して説明してみよう。**

①「自然を守る主体は、地域主権を軸にして形成されなければならないはずなのである。」（79・3）
②「自然の時間を保証できる人間の営みを再創造しないかぎり、自然と人間の間に発生するトラブルは解消できないはずなのである。」（83・7）

考え方　①直前の内容から読み取る。「そうである以上」の「そう」が指す内容、「とすれば」が示す具体的な条件を正しく捉えたうえでまとめる。
②文章最後の二段落（形式段落⑲⑳段落）において、筆者は、今日の自然荒廃の奥底には、自然と人間の間に生じる時間をめぐる不調和があると述べている。人間と自然、それぞれが重視している時間がどのようなものであるかをまとめる。

解答例　①自然は地域ごとにさまざまであり、そのさまざまな自然が互いに関係を結びながら全体の自然が展開しているので、その地域に適した自然と人間の関係を創造することが自然保護の出発点となるから。
②近代以降の人々は、時間は進歩とともに展開すると考えて歴史をつくりだそうとしてきた。しかし、自然が必要としている時間は進歩とともにある時間ではなく、永遠の循環をつづけるような、常に過去を継承しつづけるような時間である。この自然と人間の間にある、時間をめぐる不調和がトラブルの原因となっているから。

言葉と表現

1　**次の各組の言葉について、用例を挙げ、それをもとに意味上の類似点や相違点を考えてみよう。**

①「知恵」（78・8）と「知識」
②「保護」（78・14）と「擁護」
③「進歩」（80・6）と「発展」

解答例　①用例：知恵…三人寄れば文殊の知恵　知識…正しい知識を身につける。
意味上の類似点や相違点：どちらも「知る」ことに関する言葉であるが、「知恵」は経験などをとおして物事を認識、判断、対応できる能力を、「知識」は学習や経験によって得た事実や情報、技術などを意味する。

②用例：保護…森林を保護する。　擁護…憲法（人権）を擁護する。

意味上の類似点や相違点：どちらも「助け守る」ことに関する言葉であるが、「保護」は外からの危険や脅威、破壊などから守る場合に、「擁護」は権利や主張を侵害からかばい、味方になる場合に用いる。

③用例：進歩…科学がめざましく進歩する。　発展…地方の発展に貢献する。

意味上の類似点や相違点：どちらも、ものごとが現時点の状況からより望ましい方向へと進むことを意味する。「進歩」はものごとが段階的に良い方向へ進む場合に、「発展」はものごとに勢いがつき、盛んになる場合に用いられる。

2　**「そのどちらのほうが、人間の暮らしにとって貴重なのかは、客観的には明らかにできないのである。」（82・5）とあるが、根拠やほかの具体例などを挙げて、自分の意見を発表してみよう。**

考え方　解答の主な論点として、「人間の暮らしにとって科学技術と文化のどちらがより大切か」「人間の暮らしにとって科学技術も文化もどちらも大切なのでバランスをとるべきである」「人間の暮らしにおいて科学技術がもつ意味」「人間の暮らしにおいて文化がもつ意味」などが考えられるだろう。根拠や他の具体例として、科学技術と文化の功罪をそれぞれ挙げる必要があるが、過去と現在の私たちの生活の変化や、ＳＤＧｓの目的や取り組みといった時事的な話題に触れるとよい。

語句と漢字

1　**次の語句の対義語を書いてみよう。**

①敵対的　②普遍　③客観

解答　①友好的　②特殊　③主観

2　**次の片仮名を漢字に直してみよう。**

①憲法は言論の自由をホショウしている。

②この小説のおもしろさは私がホショウする。

解答　①保障　②保証

6 魅力的に伝える

導入 「伝える」の先にあるもの

ジェーン・スー

教科書P.86〜88

●要旨

「しゃべる」と「読む」は行為だが、「伝える」は目的である。きちんと聞こえることが大前提で、音読の技量と聞き手の環境や心持ちを察しながら話す力、主観を捨てることが必要になる。さらに、「伝える」の先に「引き込む」があり、「伝える」ことの奥深さを知った。自分もその域にいきたいと思う。

●段落

筆者の考えの変化に着目すると、二つの段落に分けられる。

一 教P86・1〜P87・9 「しゃべる」「読む」「伝える」

二 教P87・10〜P88・9 「伝える」の先にある「引き込む」

段落ごとの大意と語句の解説

第一段落 教86ページ1行〜87ページ9行

「しゃべる」は聞く相手と既知の関係にある場面に有効であり、しゃべり手の個性も活《い》きる。「読む」は伝えるべき情報があり読み手に音読の技術が求められる。「しゃべる」と「読む」は行為だが、「伝える」は目的である。きちんと聞こえることが大前提で、音読の技量と聞き手の環境や心持ちを察しながら話す力、主観を捨てることが必要になる。

教86ページ

1 **ラジオパーソナリティ** ラジオ番組の司会・進行役。

1 **携《たずさ》わる** あるものごとに関係する。従事する。

3 **既知《きち》** すでに知っていること。

6 **雄弁《ゆうべん》** 説得力があり堂々と力強く話すこと。

7 **腹《はら》を探《さぐ》られたくない相手《あいて》** 本心を知られたくない相手。

教87ページ

1 **抑揚《よくよう》** 話すとき、声の調子に強弱や高低をつけること。

2 **「しゃべる」と「読《よ》む」は行為《こうい》だが「伝《つた》える」は目的《もくてき》だ** 「しゃべる」は自分が思いついたことを「口にする」行為で、「読む」は情報などを「音読する」行為だが、「伝える」とは、自分の思いや情報を話したり書いたりすることによって相手に「伝える」ことそのものが目的であるということ。

6ラジオという絵《え》のないメディア　ここでの「絵」とは映像のことを表していると考えられる。

6無為《むい》　何もしないで自然のままである様子。

7コールタール　石炭や木材などを煮詰めたときにできる黒いドロドロした液体。ここでは、聞き手には知られたくない本音を指していると考えられる。

7言外《げんがい》　言葉には出さない部分。

8主観《しゅかん》を伝《つた》えるには……求《もと》められるのだ　自分が思っていることを相手にわかりやすく伝えるには、あえて自分を客観視して話すことが必要だということ。

第二段落　教87ページ10行～88ページ9行

立川志《たてかわし》の輔《すけ》さんの独演会へ足を運んだ。私は落語にはまるで無知で、始まる前は長丁場に耐えられるか不安だった。しかし、集中力が削《そ》がれることもなく、幻覚が見えるほどに登場人物が目に残り、あっという間に一時間弱が経過していた。「伝える」の先には「引き込む」があるのだと、「伝える」ことの奥深さを悟った。自分もその域にいければ良いと思う。

11まるで　直後に「無知」という否定を表す表現があるので、ここは「まさしく。全く」の意。

11長丁場《ながちょうば》　ここでは、独演会が終わるまでに長く時間がかかること。

13すこぶる　程度がはなはだしいさま。非常に。

17頭《あたま》がどうかしてしまったのかと思《おも》った　直前の内容を受けている。志の輔さんが口を開くたび身体を動かすたび、頭のなかにどんどん映像が浮かんできて、すべての登場人物の顔が志の輔さんでありながらどれも違う人に見えるという現象が起きていたことを指した表現。

教88ページ

2頓珍漢《とんちんかん》　つじつまが合わないで、ちぐはぐになるさま。

3のめりこむ　ここでは、「井戸の茶碗《ちゃわん》」という古典落語の世界に深く入り込むこと。

6知《し》らない話《はなし》なのに、わからないことがひとつもなかった　落語についてまるで無知で、時代背景の知識もない筆者が、立川志の輔さんの「井戸の茶碗」の世界に引き込まれ、内容を理解して楽しむことができたということ。

9身震《みぶる》いがした　「しゃべる」「読む」「伝える」の違いを体感したつもりだった筆者が、志の輔さんの古典落語を聞いて、実は「伝える」の先に「引き込む」があることに気づかされ、衝撃を受けるとともに自分の新たな課題を見出《みいだ》したような気がしていることを表している。

9自分《じぶん》もその域《いき》にいければ良《よ》いのだが　ラジオパーソナリティである筆者は、自分も聞き手に何かを「伝える」際に相手を「引き込む」ことができるようになりたいと願っているが、果たしてその域に達することができるか不安にも思っていることが表れた表現。

＊「その域《いき》」＝聞き手に何かを伝えるとき、相手を自分の話に引き込むことができる状態。

工夫して話す

教科書P.89～92

語句の解説

教90ページ

3 **取捨選択《しゅしゃせんたく》**　必要なものを選び取り、不必要なものを捨てること。

下23 **五感《ごかん》**　視覚・聴覚・嗅覚・味覚・触覚の五つの感覚。

教91ページ

11 **茶化《ちゃか》した**　「茶化す」は、まじめな話をおもしろ半分に扱う態度のこと。

ワーク①　**好きな本を同級生に紹介するとき、話をどのように始めるのがよいだろうか。下段のポイント②を参考に、できるだけ多くのパターンを考えてみよう。**

解答例　森鷗外《もりおうがい》『高瀬舟《たかせぶね》』　○聞き手に向かって問いかけるパターン

・自殺に失敗して苦しむ弟を死なせ、罪人となった喜助《きすけ》。彼への裁きは本当に正しかったのか。

○意外なキーワードから始めるパターン

・下っ端ではあるが役人である庄兵衛《しょうべえ》。その庄兵衛は人殺しの罪で護送される喜助を尊敬のまなざしで見ている。

○その他のパターン

・〝喉笛《のどぶえ》を切って自害しようとして失敗したら、息をするたびに傷口から息が漏れてひゅうひゅうと音がする。〟私は、小説の本筋よりも何よりも、自殺に失敗したときの恐ろしさと痛みに衝撃を受けました。

（自分の感想）

・今の自分に満足を覚えたことのない役人の庄兵衛と足るを知る罪人の喜助。この二人の人生観は、現代に生きる私たちも考えさせられます。

（自分の感想および問いかけ）

課題①　**次のテーマについて、一分間でスピーチをしてみよう。**

①これまでに一番影響を受けた人について。

②最近のニュースで気になったことについて。

考え方　①②共通。スピーチ原稿を書く―校正・発表の練習―発表という流れ。まず①②よりテーマを選び、原稿を書く準備をする。テーマに関する材料をメモ書きしたり付箋に書き出したりして、そこから発想を広げると文を作りやすい。原稿は、一分間スピーチで自分が話しやすく聞き手にも伝わりやすい文字数として、三〇〇字～四〇〇字程度を目安に書くとよい。

課題②　**これまでに読んだ本の中で、ほかの人にもぜひ読んでほしいと思った本を取り上げ、お互いに紹介し合ってみよう。**

考え方　書評とは、ある書物について、その内容を紹介・批評した文章のことである。「考えさせられた」「感動した」といった視点にこだわらず、「疑問が残った」「著者（登場人物）とは反対の考えである」など、いろいろな切り口を考えてみよう。文章の書き方や発表の仕方は、課題①と同様である。

魅力的な紹介文を書く

教科書P.93～96

語句の解説

教93ページ

2 **媒体**《ばいたい》　ここでは、伝達するための手段。

教94ページ

3 **エピソード**　その人についての、世間にはあまり知られていない興味ある話。

教95ページ

4 **キャッチコピー**　人の注意をひく宣伝文。

ワーク①　**海外の高校生に向けて、自分が住んでいる地域の魅力を伝える紹介文を書きたい。次の要素について、条件をふまえて伝える内容を考えてみよう。**

考え方　自分が住んでいる地域の観光スポットやグルメを挙げるのもよいが、高校生らしい視点で要素①②を考えてみるのもおもしろい。

ワーク②　**次の紹介文の中から、工夫された表現を指摘してみよう。また、この紹介文のキャッチコピーを考えてみよう。**

考え方　工夫された表現は、①表現を豊かにする工夫(教95ページ下段)を参考にして探す。またキャッチコピーも、工夫された表現をもとに考えるとよい。

解答例　○工夫された表現

・「高原の花畑」…皿の上の色鮮やかな見た目を、比喩を用いて表現している。

・「ホクホクとした」…じゃがいものおいしそうな食感を、擬態語を用いて表現している。

・「名脇役」…じゃがいものとびぬけたおいしさを、比喩(擬人法)を用いて表現している。

○キャッチコピー

・カレー皿の上に広がる花畑、目でも口でも楽しんで。

・本日のメニューはカレー、ぜひ、じゃがいもをご賞味あれ！

・見た目自慢、じゃがいも自慢のカレーはいかが？

課題①　**①次のことがらについて、魅力を伝える文章を書いてみよう。**

(1)学校内で一番気に入っている場所について、同級生に伝える。

(2)これまでに訪れたことのある都道府県について、まだ訪れたことのない人に伝える。

②好きな本の紹介文を書いて、クラスでブックレットにまとめよう。

考え方　①(1)(2)共通。まず(1)(2)よりテーマを選び、そのテーマの魅力がより伝わるように表現を工夫しながら、理由やエピソードを加えていく。紹介文ができあがったら、全体の印象をひと言で伝えられるような言葉を考えたり、工夫された表現に着目したりしてキャッチコピーを添えるとよい。

②ブックレットとは、表紙をつけたページ数が少ない冊子のことである。これまでに学習してきた要領で、自分が好きな本について紹介文を書き、それをブックレットにまとめる。他の人が書いた紹介文を読むことによってさまざまな表現の工夫を知り、今後の自分の表現に活《い》かすことができるとよい。

参考『家守綺譚《いえもりきたん》』評

教科書P.97〜100

■どれくらいの不思議まで人は許せるのか

小川洋子《おがわようこ》

○紹介の仕方

冒頭で本と作者について基本的な情報を、続いて主人公と小説の舞台の設定を紹介している。

○特徴

問いかけを題名とし、筆者がこの小説への向き合い方を示すことによって、題名の問いかけへの回答としている。また、筆者がこの本を読んで「おもしろい」と感じた場面を紹介したり、読む基本姿勢を示したりしていることから、視点が読み手にあり、題名中の「人」が読み手を指していると考えられる。

○表現上の工夫

・敬体で書かれている。
・小説の本文を引用している。
・特定の場面をピックアップしている。

■異界のものたちがおっとりと楽しげに

川上弘美《かわかみひろみ》

○紹介の仕方

冒頭で小説の主人公を紹介し、小説を「謎めいた物語」と表現し、筆者が理解したことを挙げながら説明を進めている。

○特徴

具体的な場面を取り上げることなく、小説を俯瞰《ふかん》し、考察したことを述べている。特に作者について「書きながらずいぶんと楽しんだのではないか」「じゅうぶんに楽しんだのではないか」といった推測をしており、視点を書き手に置いていることがわかる。また、怪異物語の歴史に着目し、この小説の位置づけについて考察している。

○表現上の工夫

・常体で書かれている。
・体言止めが用いられている。

7　資料を駆使する

「安くておいしい国」の限界

小熊英二《おぐまえいじ》

教科書P.103〜108

●学習のねらい

資料を文章に関連づけながら内容を読み取る。

●要　旨

日本は国際観光客到着数の増加率が高く、今や観光は日本第五位の産業だ。これは、中国が経済成長したことによって近場の日本が観光先になったことと、観光客からみれば日本が「安くておいしい国」になったことが挙げられる。日本が外国人観光客からみて「安くておいしい国」になったことは、日本の一人当たりＧＤＰが、世界的に見て落ちたことと関連しており、観光客や消費者には良いことでも労働者にとっては歓迎できないことである。日本は諸外国と比べて就労条件が緩い国なので、途上国からの「苦学生」が留学生として多く集まる。そして、技能実習生、留学生、日系人といった外国人が、低賃金で日本人が働きたがらない業種を支えている。しかし、外国人観光客が喜ぶ「安くておいしい日本」は労働者には過酷な国なので、外国人で低賃金部門の人手不足を補う政策は早晩限界がくるだろう。「安くておいしい日本」はもうやめるべきだ。良いサービスには適正価格をつけなければ、いま日本が抱える諸問題も解決できない。良いサービスを安く提供する労働に耐えながら、安くて良いサービスを消費する生き方は世界から取り残されている。

●段　落

本文は、叙述の内容から四つの段落に分けられる。

一　教P103・1〜P105・1　「安くておいしい国」日本
二　教P105・2〜P105・10　「安くておいしい国」と労働者
三　教P105・11〜P106・14　低賃金労働を支える外国人労働者
四　教P106・15〜P107・8　「安くておいしい日本」の限界

段落ごとの大意と語句の解説

第一段落　教103ページ1行〜105ページ1行

国連世界観光機関（ＵＮＷＴＯ）の二〇一六年のランキングによると、日本は国際観光客到着数で世界一六位だが、増加率が二〇一二年から一七年に三倍以上になった。今や観光は日本第五位の産業だ。この理由として、中国が経済成長し、近場の日本が観光先になったことと、観光客からみれば日本が「安くておいしい国」になったことが挙げられる。

教103ページ

1**パリやニューヨークはもちろん、……北京《ペキン》などもそうだ**　パリやニューヨークはもちろん、ベイルート、バンコク、北京なども観光客が急増しているということ。

2**マナーの悪《わる》い観光客《かんこうきゃく》**　観光客がある特定の観光地に集中して訪れることによって、交通渋滞やごみの散乱、自然環境の悪化などが生じている。

教104ページ

1　**「これなら外国人観光客に人気が出るだろう。」とあるが、人気の理由は何か。**

答　海外（欧米の大都市でのサンドイッチとコーヒーで約千円や香港《ホンコン》やバンコクのランチ千円）の三分の一で牛丼が食べられるのに味はおいしく、店がきれいでサービスも良いことや、ホテルなども同様で、諸外国より安くてサービスが良いこと。

下**国際《こくさい》観光《かんこう》客《きゃく》到着《とうちゃく》数《すう》推移《すいい》（左《ひだり》）**　フランス・アメリカ・日本・インドの国際観光客到着数が二〇〇〇年から一七年までの間にどのように変化しているかを表した折れ線グラフ。「増加率が高く、二〇一二年から一七年に三倍以上になった」（103・7）に対応している。

下**訪日《ほうにち》観光《かんこう》客《きゃく》到着《とうちゃく》数《すう》の変化《へんか》（右《みぎ》）**　二〇〇〇年と二〇一七年の訪日観光客到着数の割合を国（地域）別に表した円グラフ。「中国が経済成長し、近場の日本が観光先になった」（103・9）に対応している。

教105ページ

第二段落　教105ページ2行〜105ページ10行

日本が外国人観光客からみて「安くておいしい国」になったことは、日本の一人当たりGDPが、世界的に見て落ちたことと関連している。「安くておいしい店」は千客万来で忙しくても利益や賃金が上がらないので、観光客や消費者には良いことでも労働者にとっては歓迎できないことだろう。

2　**「このこと」とは、どのようなことを指すか。**

答　外国人観光客からみて、日本が「安くておいしい国」だということ。

2**一人《ひとり》当《あ》たりGDP《ジーディーピー》**　GDP（国内総生産）とは、一年間などといった一定期間内に国内で産み出された付加価値の総額のこと。国の経済活動状況を表す。一人当たりGDPとは、付加価値を単純に合計したGDPを総人口で割ったものであり、生産性の高さを示す。日本の一人当たりGDPが諸外国と比較して落ちたということは、国民一人が産み出す付加価値が低くなった、つまり生産性が他国に比べて低くなったということを意味する。

3**千客万来《せんきゃくばんらい》**　多くの客が入れかわり立ちかわり来て絶え間がないこと。「せんかくばんらい」とも読む。

5**歓迎《かんげい》できない**　喜んで受け入れることはできないということ。

8**起業《きぎょう》**　新しく事業を始めること。創業。

9 **強《し》いて**　無理に。あえて。

第三段落　教105ページ11行〜106ページ14行

日本は諸外国と比べて就労条件が緩いので、途上国からの『苦学生』が留学生として多く集まる。いま日本は人口が減りつつあるが、技能実習生、留学生、日系人といった外国人が、低賃金で日本人が働きたがらない業種を支えている。しかし、外国人観光客が喜ぶ「安くておいしい日本」は労働者には過酷な国なので、外国人で低賃金部門の人手不足を補う政策は早晩限界がくるだろう。

14 **英語圏《えいごけん》**　英語が日常で使用される地域。

教106ページ

1 **足《た》し**　足りない分を補うこと。

2 **おのずと**　ひとりでに。

4 **日本《にほん》では年《ねん》に三〇万人《さんじゅうまんにん》、週《しゅう》に六千人《ろくせんにん》の人口《じんこう》が減《へ》っている**　人口が減っているということは労働人口も減少しているということであり、人手不足の業種があることを示している。

6 **人権侵害《じんけんしんがい》**　労災隠しの他、賃金未払い、長時間労働、契約外労働なども考えられる。

7 **こうした外国人《がいこくじん》**　就労ビザを持たない技能実習生や留学生、日系人などを指す。

8 **こうした状況《じょうきょう》**　就労ビザを持たない外国人が、低賃金で日本人が働きたがらない業種を支えているという状況。

8 **要請《ようせい》**　必要なことを実現するために強く願い求めること。

10 **外国人《がいこくじん》で低賃金部門《ていちんぎんぶもん》の人手不足《ひとでぶそく》を補《おぎな》う政策《せいさく》**　実習生の滞在期間を延長したうえ、留学生の就労時間延長を検討すること。

11 **早晩限界《そうばんげんかい》がくるだろう**　アジアの経済成長に伴い、日本に働きに来る外国人が少なくなっているうえ、外国人の人権が軽視されたりしていることを受けた筆者の考え。

＊「早晩」＝遅かれ早かれ。いずれ。

3　**「外国人のあり方は、日本社会の鏡である。」とは、どのようなことか。**

答　日本に観光や留学、働きに来る外国人の様子は、日本社会の状態を反映しているということ。

13 **過酷《かこく》**　厳しすぎるさま。ひどすぎるさま。

第四段落　教106ページ15行〜107ページ8行

「安くておいしい日本」はやめるべきだ。良いサービスには適正価格をつけた方が、観光業はもっと成長できる。そうしないと、ブラック企業の問題や外国人の人権侵害は解決しないし、デフレからの脱却もできない。出生率も上がらないだろう。良いサービスを安く提供する労働に耐えながら、安くて良いサービスを消費する生き方は世界から取り残されている。

16 **適正《てきせい》**　評価や判断が正当で正しいこと。

教107ページ

1 **最低賃金《さいていちんぎん》**　企業が労働者に最低限払わなければならないとされている賃金。厚生労働省によると、二〇二二年時点での全国平均は時給九六一円である。

2 **合意《ごうい》**　当事者双方の意思が一致すること。

2 **それなりの対価《たいか》**　良いサービスに見合った価格。

＊「対価」＝他人に財産・労力などを提供または利用させた報酬として受け取る財産上の利益。

3 **そうしないと**　国民合意で税金から価格補助したり消費者に良いサービスに見合った対価を払ってもらってでも、良いサービスに適正価格をつけなければ、ということ。

学習のポイント

1 **「安くておいしい国」**（103・11）**の良い点を挙げてみよう。**

考え方　直後の段落の内容から読み取る。さらに形式段落の第七段落の「千客万来」より、商売繁盛につながることにも言及できるとなおよい。

解答例　飲食店で提供される食事の価格が諸外国の大都市と比較して約三分の一と安価でありながら味がおいしく、店がきれいでサービスも良い点。また、それによって、訪れる観光客や店の客の数などが増加して売り上げにつながる点。

2 **日本に来る留学生の「増え方には特徴がある。」**（105・13）**とあるが、外国と比べてどのような特徴があるか、整理してみよう。**

解答例　外国では、留学生の就労が禁止されていたり時間制限が厳しかったりするが、日本では就労ビザのない留学生でも週に二八時間まで働くことができる。そのため、日本に来る留学生の層が、日本で勉学しながら働いて賃金を得ることもねらった、途上国からの「苦学生」が多くなるという特徴。

5 **脱却**《だっきゃく》　ここでは、よくない状態から抜け出すこと。

7 **そんな生**《い》**き方**《かた》　直前の、良いサービスを安く提供する労働に耐えながら、そのストレスを、安くて良いサービスを消費することで晴らすような生き方を指す。

3 **「安くておいしい国」は、①外国人観光客、②外国人労働者、③日本人にとって、どのような国といえるか。それぞれについてまとめてみよう。**

解答例　①安くておいしくて衛生的な食事やサービスが受けられる、人気のある国。

②低賃金で、日本人が働きたがらない業種で過酷な労働を強いられる国。

③良いサービスを安く提供する労働に耐えながら、そのストレスを、安くて良いサービスを消費することで晴らしているような国。世界から取り残されているような生き方の国。

4 **筆者は「『安くておいしい日本』はやめるべきだと思う。」**（106・15）**と述べているが、その理由をまとめてみよう。**

考え方　意味段落の第四段落の内容をまとめればよい。

解答例　国民合意で税金から価格補助したり、消費者に良いサービスに見合った対価を払ってもらったりしてでも良いサービスに適正価格をつけなければ、低賃金の長時間労働で「安くて良質な」サービスを提供させるブラック企業の問題も、外国人の人権侵害も解決しないし、デフレからの脱却もできないし、出生率も上がらないだろうと考えているから。

5 **国際観光客について、本文および資料（104ページ）から読み取ったことをまとめてみよう。**

考え方　本文と二つの資料それぞれから気づいたことを指摘する。その後、本文と二つの資料を総合して読み取れることを挙げるのもよい。

解答例　○本文から読み取れること
・二〇〇〇年から一七年で世界の国際観光客到着数が二倍に増えた。
・二〇一七年は前年比七％増の伸びである。
・二〇一六年のランキングだと、日本は国際観光客到着数で世界一六位だが、二〇一二年から一七年にかけて増加率が三倍以上になっている。
・二〇〇〇年から一六年にかけて、フランスは国際観光客数が七％しか伸びていないが、それに対し日本は四〇〇％も伸びている。
・国際観光客数ランキング三〇位までの国で四〇〇％以上伸びたのは日本・インド・ハンガリーの三カ国である。
○資料から読み取れること（国際観光客到着数推移）
・日本は、二〇一一年から二〇一七年の伸び方が著しい。
・アメリカは、二〇〇九年から二〇一五年の伸び方が著しい。
・フランスは多くの観光客が訪れており、日本の伸び率が著しい二〇一五年においても約四倍も多い。
・フランス・アメリカ・日本は、二〇〇〇年から一七年の間に国際観光客到着数の落ち込んだ年があるが、インドだけは毎年伸び続けている。
○資料から読み取れること（訪日観光客到着数の変化）
・二〇〇〇年から二〇一七年では全体的に約六倍も訪日観光客が増えている。
・二〇〇〇年に全体の約六割を占めていた東アジア、東南アジア＋インド勢は、二〇一七年には八割以上を占めている。
・欧米豪の訪日観光客は、二〇〇〇年から二〇一七年に約二〇％減っている。
・二〇〇〇年と二〇一七年では中国からの訪日観光客が約二一倍に増えている。

言葉と表現

1 **次の表現を用いて短文を書いてみよう。**

①千客万来（105・3）　②おのずと（106・2）

解答例　①チラシの配布が功を奏して、店は千客万来のにぎわいだった。
②地道な努力を続けていると、おのずと実力も備わるだろう。

語句と漢字

1 **次の片仮名を漢字に直してみよう。**

①自分で生活費をカセぐ。
②現場のヨウセイに応える。
③テキセイな評価を下す。

解答　①稼　②要請　③適正

2 次の傍線部の漢字を用いて別の熟語を書いてみよう。

①英語圏 ②過酷

解答例 ①圏外・安全圏 ②酷評・酷使

インターネット時代の音楽産業

吉見《よしみ》俊哉《しゅんや》

教科書P.109〜114

学習のねらい

資料を文章に関連づけながら内容を読み取る。

要旨

九〇年代、日本の音楽産業はCDの普及に支えられて空前の繁栄を謳歌《おうか》した。しかし、この拡張は一九九八年を境に下降線をたどり、二〇〇八年までに最盛期の約半分の規模に縮小した。このCD販売の縮小は、同時期のインターネットの爆発的浸透が一つの要因と考えられる。これに対し、最初からネット社会的だった宇多田《うただ》ヒカルは、早くからインターネットでの発信を始めた。一方で安室奈《あむろな》美恵《みえ》は、コンサートのステージに回帰することで時代の中心に躍り出た。コンピュータとインターネットがコミュニケーションの支配的な基盤となっていく社会では、文化が享受される場の共同性が、インターネットのなかで言葉やイメージが絶えず交信され続けることで創出されていく方向と、非日常的に人々が集まった場所で、参加者の情動を巻き込んで創り出される方向で組織されていく。実際、ライブ・エンタテインメントは大規模化して巨大な利益を生み出した。この一九九〇年代までのメディアの時代と二〇〇〇年代以降のネット社会を隔てるのは、音楽世界への参加方式が決定的に変わったことである。オーディエンスは「パフォーマー」として演者と一緒に場を盛り上げる。そして、盛り上がる自分たちの写真や動画をインターネット上に自分たちの物語として発信し、さらに潜在的な参加者を増やしていく。ネット社会は回路を通じて潜在的関心層を発掘し、大規模な集まりを可能にするのである。

段落

本文は、叙述の内容に着目して四つの段落に分けられる。

一 教P109・1〜P110・3 CD販売の拡張と縮小
二 教P110・4〜P110・15 音楽メディアのパラダイム転換
三 教P110・16〜P112・5 文化が享受される場の二つの共同性
四 教P112・6〜P113・8 オーディエンスの変質

段落ごとの大意と語句の解説

第一段落 教109ページ1行〜110ページ3行

CD販売は八八年に売り上げが初めて一億枚を、九五年には四億枚を超え、九〇年代は日本の音楽産業がCDの普及に支えられて空前の繁栄を謳歌した時代だった。安室奈美恵の楽曲の大流行も、宇多田ヒカルの躍進も、CD販売の拡張を基盤にしていた。しかし、この拡張は一九九八年を境に下降線をたどり、二〇〇八年までに最盛期の約半分の規模に縮小した。

教109ページ

10 **空前《くうぜん》**　今までに例を見ないこと。

10 **謳歌《おうか》**　ここでは、恵まれた幸せを、みんなで大いに楽しみ喜び合うことの意。

教110ページ

1 **躍進《やくしん》**　めざましい勢いで進出・発展すること。

1 **基盤《きばん》**　あるものごとを成立させるための基礎や土台となるもの。

第二段落　教110ページ4行〜110ページ15行

CD販売の縮小は、同時期のインターネットの爆発的浸透が一つの要因となったと考えられる。宇多田は最初からネット社会的であり、プログラミングも含めて自作のすべての音を自分で統括していたので、早くからインターネットでの発信を始めた。対して安室の真骨頂はステージにあったので、注目を集めなかった時期を経たが、コンサートのステージに回帰することで再び時代の中心に躍り出た。

1　**「この音楽産業の変化」とは、どのような変化か。**

答　九〇年代に音楽産業の繁栄を支えていたCD販売の拡張が一九九八年を境に終わり、下降線をたどって一〇年後の二〇〇八年までに最盛期の約半分の規模に縮小したという変化。

4 **インターネットの爆発的浸透《ばくはつてきしんとう》が一《ひと》つの要因《よういん》となって**　インターネットを使うと手軽に楽曲をダウンロードして聴くことができるようになるので、わざわざCDを購入する必要がなくなったということ。

＊「浸透」＝ここでは、思想や風潮、雰囲気などがしだいに広い範囲に行きわたること。

5 **それぞれ異《こと》なる仕方《しかた》**　宇多田はネット社会に対応した音楽を作り、安室はコンサートのステージに回帰したことを指す。

6 **メディアのパラダイム転換《てんかん》**　ここでは、これまで音楽はCDを聴いて楽しむことが当たり前だったが、インターネットを介して他のメディアで楽しむことが当たり前になったことを表している。

10 **統括《とうかつ》**　ばらばらに分かれているものなどを一つにまとめること。統一。

10 **きわめて**　非常に。この上なく。

11 **完璧《かんぺき》に作《つく》り上《あ》げられた**　宇多田が、プログラミングも含めて自作のすべての音を自分で統括していることを指している。

＊「完璧」＝足りない部分や欠点が一切なく完全であるさま。

11 **ダイレクト**　途中で何も介するものがなく、直接であるさま。

2　**「ネット社会的」とは、どのような状態のことをいうか。**

答　コンピュータが身近であることが前提で、インターネットを通じて自分が世界とつながっているような状態。

12 **真骨頂《しんこっちょう》**　そのものが本来もっている姿。

13 **決別《けつべつ》** きっぱりと完全に別れること。「訣別」とも書く。
14 **模索《もさく》** 手探りで探し求めること。
15 **回帰《かいき》** ある状態や場所から、別の状態や場所を経てまた元の状態や場所に戻ること。

第三段落 教110ページ16行〜112ページ5行

コンピュータとインターネットがコミュニケーションの支配的な基盤となる社会では、文化が享受される場の共同性が二つの方向で組織されていった。インターネットのなかで言葉やイメージが絶えず交信され続けることで創出される共同性と、非日常的に人々が集まった場所で、参加者の情動を巻き込んで創り出される共同性である。これによってライブ・エンタテインメントの市場規模は大規模化し、巨大な利益を生んだ。

16 **支配的《しはいてき》な基盤《きばん》** 人々が、コンピュータとインターネットを日常的なコミュニケーションの媒体として普通に用いるようになったことを表現していると考えられる。

教111ページ

1 **享受《きょうじゅ》** 受け取って味わい楽しむこと。

3 「二つの方向」とは、どのような方向か。

答 インターネットのなかで言葉やイメージが絶えず交信され続ける方向と、非日常的に人々が集まった場所で参加者の情動を巻き込む方向。

2 **創出《そうしゅつ》** ものごとを新しくつくりだすこと。
3 **SNS《エスエヌエス》** ソーシャル・ネットワーキング・サービスの英語頭文字略語。登録された利用者同士が交流できるウェブサイトの会員制サービスのこと。
3 **コミュニティ** 居住地域を同じくし、利害をともにする共同社会。
6 **情動《じょうどう》** 喜び・悲しみ・驚き・怒り・恐怖などの感情。情緒。
8 **文化産業《ぶんかさんぎょう》** ここでは、音楽や演劇に関する産業のこと。
9 **融合《ゆうごう》** 二種類以上のものが結びついたりとけ合ったりして一つになること。
10 **生身《なまみ》の場《ば》という要素《ようそ》** 演者と観衆、観衆同士が会場で会うということ。
15 **エンタテインメント** 娯楽。気晴らし。娯楽のための催し。
15 **うなぎ上《のぼ》り** ここでは、人気が急速に上昇して行く様子を表したたとえ。

教112ページ

1 **同分野《どうぶんや》** コンサートやライブ、フェスティバルなどのライブ・エンタテインメントを指す。

4 「二〇一〇年代には…熱心になっていった。」のはなぜか。

答 CDなどのパッケージ型のメディアではもう楽曲が売れず、コンサートやライブといった催しのほうが売り上げにつながるようになったから。

第四段落 教112ページ6行〜113ページ8行

メディアの時代とネット社会を隔てるのは、オーディエンスの音楽世界への参加方式が「受け手」ではなく「パフォーマー」として演者と一緒に場を盛り上げていくスタイルに変わったことである。そして参加者たちは、盛り上がる自分たちの写真や動画をインターネット上に自分たちの物語として発信し、さらに潜在的な参加者を増やしていく。ネット社会は回路を通じて潜在的関心層を発掘し、大規模な集まりを可能にするのである。

5 **「この変化は……説明されない。」とあるが、ここであえてそのように述べるのはなぜか。**

答 読者が、多くの芸能人が生身のイベントに熱心になった理由として、生身のコミュニケーションが減少していることへの反動が理由だと想像するかもしれないので、それを先に否定し、さらに筆者の主張を目立たせて説得力を高めるため。

6 **反動**《はんどう》　ここでは、ある傾向に対抗して生じるそれと全く反対の傾向・動き。

11 **オーディエンス**　ラジオ、テレビ、雑誌、新聞などの視聴者。

12 **パフォーマー**　本来の意味は演技・演奏などの表現活動をする人のこと。ここでは、舞台の演者と一緒に歌い、踊り、跳ねるようになったことを指した表現。

＊「パフォーマンス」＝演劇や音楽、踊りなどを上演すること。

学習のポイント

1 **本文中の図1（109ページ）および図2（111ページ）は、それぞれ、筆者のどの主張の根拠となっているか、まとめてみよう。**

考え方　図から読み取れることや筆者の主張の根拠ではなく、筆者の主張をまとめる。図から読み取れることをもとに、筆者がどのように考察しているかに着目すればよい。

またはその芸・演技。

15 **隆盛**《りゅうせい》　勢いが盛んなこと。

教113ページ

1 **歓声**《かんせい》　喜びを抑えきれずに叫ぶ声。

3 **アップロード**　手元のパソコンなどの機器から、ネットワークを介して、別のパソコンやサーバーなどに情報などを転送すること。

4 **物語**《ものがたり》**として発信**《はっしん》　観客が自分たちの写真や動画をアップロードするということは他者に見てもらいたいからであり、他者の視聴を目的とした内容を配信するという意味で「物語」と表現していると考えられる。

5 **雪**《ゆき》**だるま式**《しき》　どんどん増えふくらんでいく様子をたとえた表現。

6 **ヴァーチャル**　実態を伴わないさま。仮想的。

7 **潜在的関心層**《せんざいてきかんしんそう》　音楽フェスティバルに実際には参加していないが、参加者がアップロードした写真や動画にインターネットを介してアクセスすることで間接的に参加者となる人々のこと。

＊「潜在」＝表面上見えないが、内にひそんで存在するさま。

解答例　図1…九〇年代は、日本の音楽産業がCDの普及に支えられて空前の繁栄を謳歌した時代だったのだ。（109・9）

図2…音楽や演劇につきまとってきた生身の場という要素を前面に押し出す流れも広がった。（111・10）

2 **本文で説明されている、「宇多田ヒカル」と「安室奈美恵」の共通点・相違点として、それぞれどのようなことが挙げられるか、整理してみよう。**

解答例 共通点…二〇〇〇年代の音楽産業のメディアがCDからインターネット配信に転換しCDが売れなくなった時代に、その変化に適応して視聴者の人気をつかんだ点。

相違点…宇多田ヒカルが最初からネット社会的で、早くからインターネットで楽曲の発信をしたのに対し、安室奈美恵は真骨頂をステージにあるとし、コンサートのステージに回帰していった点。

3 **ネット社会において、「音楽フェスティバル」はどのような役割を果たしているか、まとめてみよう。**

解答例 現地の会場に観客を呼び込み、パフォーマーとして演者と一緒に場を盛り上げた観客たちの姿がインターネット上にアップロードされることによって、潜在的な参加者を発掘して増やし、大規模な集まりを可能にする役割。

言葉と表現

1 **次の語句を和語か漢語で言い換えてみよう。**

①ダイレクト(110・11)
②オーディエンス(112・11)
③パフォーマー(112・12)
④アップロード［する］(113・3)

解答例 ①直接的(漢語) ②聴衆・観客・視聴者(漢語)
③演じ手(和語) 演者・演奏者・役者・表現者(漢語)
④上げる(和語)

2 **この文章に、もう一つグラフを付け加えるとしたら、どこにどのようなグラフがあるとよいだろうか。そのグラフが必要な根拠を挙げながら、考えを話し合ってみよう。また、そのようなグラフを探してみよう。**

考え方 グラフは二つ以上の数量や関数の関係を図示して視覚的にわかりやすくしたものなので、本文より何らかの数値の推移に言及している箇所を探せばよい。また、グラフがあることで本文の内容がより理解しやすくなり、筆者の主張の裏づけとなったりすることから、グラフが必要な根拠を挙げる。

解答例 付け加えるグラフ…同時期のインターネットの爆発的浸透(110・4)

・グラフが必要な根拠…一九八四年から二〇一八年の間にインターネットがどれくらい普及したかを折れ線グラフなどに表し図1に重ねると、音楽産業のメディアのパラダイム転換の要因がインターネットの爆発的浸透にあるという筆者の考えを証明することができる。

語句と漢字

1 **次の漢字の読みを書いてみよう。**

①繁栄 ②躍進 ③享受 ④潜在

解答 ①はんえい ②やくしん ③きょうじゅ
④せんざい

2 次の片仮名を漢字に直してみよう。

①大統領の支持キバンとなる州。
②王朝はリュウセイを極めた。
③初勝利にカンセイをあげる。
④多くの雇用をソウシュツする。

解答 ①基盤　②隆盛　③歓声　④創出

統計資料をもとに意見を書く

教科書P.115〜122

語句の解説

教115ページ
8**解釈**《かいしゃく》　ここでは統計資料を解き明かして理解すること。

教117ページ
4**喚起**《かんき》　呼び起こすこと。注意を促すこと。
6**飛躍**《ひやく》　ここでは、順序や段階をふまずに、急にとびはなれたところに移ることの意。

教118ページ
4**さきがけ**　他より先にものごとを行うこと。
9**ディベート**　ある特定のテーマについて異なる立場に分かれて議論すること。
9**人気**《にんき》**を博**《はく》**している**　「博す」は「獲得する」といった意味。「人気を博する」で「広く世間から評判を得る」という意味になる。

ワーク① **前ページのデータについて述べた次の①〜③を、データを見る限り「間違いなくそのとおりである」「間違いである」「必ずしもそうとは言い切れない」というものに分けてみよう。**

解答例 ①間違いなくそのとおりである
②間違いである（固定電話保有率は下がっている。）
③必ずしもそうとは言い切れない（FAXの保有率が下降しているのは事実だが、後半の理由はデータから読み取ることはできない。）

ワーク② **ほかに、このデータから客観的に読み取れることを考えてみよう。**

考え方 データの内容を的確に読み取る際、客観的に事実をつかみ、自分の解釈を入れないことが重要である。「客観的」かどうかは、誰の目にも明らかかどうかで判断するとよい。

解答例 ・二〇一八年時点、ほぼ全世帯で何らかのモバイル端末を保有していると言うことができる。
・スマートフォンが登場した二〇一〇年以降、固定電話の保有率の減少が大きくなっている。
・二〇一六年を境に、スマートフォンの保有率と固定電話の保有率が逆転している。
・スマートフォンやタブレットといった携帯できる情報通信機器の

保有率は増加が大きい。　など

ワーク③　**「情報通信機器のウイルス対策について、広く注意喚起をし続けるべきだ。」という主張をしたい場合、どのような情報を示せばよいか。**

考え方　ウォームアップの「情報通信機器の保有率の推移」のデータの中から主張に必要な情報をピックアップする。モバイル端末は常にウイルスの脅威にさらされている。そのモバイル端末の保有率が今や全世帯の九割以上を占めていることを示せばよい。

解答例　モバイル端末全体の保有率が、近年一〇〇％近くを維持しているという情報。

ワーク④　**次のような主張をすることになったとする。この時点では、まだ根拠と主張との間に飛躍がある。どのように両者を結びつければよいだろうか。**

考え方　データから直接読み取った情報を根拠とし、そこから自分の主張を導く際、自分がそのような主張を導いた理由を補足説明すると飛躍が緩和され、読み手も納得しやすくなる。

解答例　・利用者が増えれば増えるほど、ウイルスによる被害も大きくなる可能性がある。

・ウイルスは自分が気づかない間に、自分の情報通信機器を通じて他の誰かの情報通信機器も攻撃する。

・スマートフォンやタブレット型端末にはさまざまな個人情報が含まれているので、ウイルスに侵入されると大きな被害を受けることになる。　など

課題①　**次の①～④から一つ選び、そのグラフを見て読み取ったことをもとに、意見を八〇〇字以内の文章にまとめてみよう。必要に応じて、ほかの資料を探してもよい。**

考え方　選んだグラフから客観的に情報を読み取る。その読み取った内容を根拠として自分の意見を立てる。根拠と意見の間に飛躍がないよう理由づけしながら、「4主張を文章にまとめる」の「④意見の流れ」に沿って文章の構成を考えるとよい。

○各グラフにおける読み取りと意見の一例

①一六～一九歳が他のどの年代よりも「きちんとした言葉遣いができないと認めてもらえない」と感じている。（読み取り）
社会と触れる機会が多くなる年代なので、正しい日本語を身につけておくべきである。（意見）

②今後さらなるロボット産業の市場拡大が予測される。（読み取り）
人に何ができるのか、人にしかできないことは何なのか考えておいたほうがいいと思う。（意見）

③二〇〇八年ほどではないが、二〇一八年も三〇～四九歳台の労働力が落ちている。（読み取り）
結婚や出産を経ても仕事を続けられるような社会の仕組みと周囲の人の理解が必要ではないか。（意見）

④日本は、他の三カ国に比べて「家族が仲良くすること」の意識が著しく低い。（読み取り）
自分も家族の一員であるという自覚を持ち、協力し合う姿勢や感謝の気持ちを持つことを大切にしたい。（意見）

8 他者と交流する

導入 他者を理解するということ

鷲田清一《わしだきよかず》

教科書P.124～127

●要旨

他者の理解とは、苦しい問題が発生しているその場所にともに居合わせ、そこから逃げることなく相手と言葉をぶつけ合い、両者の差異を思い知ることである。そして差異を思い知らされつつ、それでも相手をもっと理解しようとしてその場に居つづけること、そこにはじめてほんとうのコミュニケーションが生まれるのではないか。

●段落

本文は、叙述の内容により二つの段落に分けられる。

一　教P124・1～P126・12　「納得」とは

二　教P126・13～P127・6　他者を理解するということ

段落ごとの大意と語句の解説

第一段落　教124ページ1行～126ページ12行

たがいに理解し合うということは相手と同じ気持ちになることだと思っているひとが多い。しかし、それは理解ではなく合唱みたいなものであり、相手との違いを思い知らされることが、ほんとうの意味での理解ではないか。「納得」という言葉があるが、これは、相手との言葉のぶつけ合いの果てに、相手のなかに自分の心根をうかがうような想像力や関心が芽生えたと察知できたときに起こるものなのだろう。つまり、ある事態において自分とは違う立場からかかわるひとととの関係のあり方をめぐって生まれる心持ちなのだろう。

教124ページ

6 **性《しょう》が合《あ》いません**　気が合わないということ。「性」とは「人が本来そなえている性質」の意。

8 **それを知《し》ったうえで**　お母さんが、自分の息子には言ってもわからないことがあるということを知ったうえで。

9 **肌《はだ》で感《かん》じている**　実際に見聞きしたり体験したりして、強く実感していること。

9 **合《あ》わなくて当然《とうぜん》**　たとえ親子であったとしてもそれぞれ違う人間なので、気が合わなくてもおかしくないということ。

教125ページ

1 **不思議《ふしぎ》な心持《こころも》ち**　相手の言うことに、肯定するわけでも何かが解決するわけでもないのに納得できる場合があり、事態の理解や解決以外の意味を含んでいるから。
3 肯《うべな》う　肯定すること。
7 尽《つ》きないもの　ここでは、事態の理解や解決だけでは言い尽くせないもののこと。
12 逆《ぎゃく》に頑《かたく》なになる　わかってもらいたいと願って口を開くひとは、事態の理解や解決を望むというよりも、話そうとしても話しきれないその疼《うず》きのようなものを聴いてほしいと思っている。「頑な」とは、「意地を張って自分の主張や態度を変えないさま。頑固。」の意。
13 調停員《ちょうていいん》　個人間での紛争を解決するために仲介して両者間の合意を成立させる人。
14 言《い》い分《ぶん》　主張したいこと。言い訳や異議。
15 万策尽《ばんさくつ》きた　できる限りのあらゆる手法、手段を試しても効果がなく、もうそれ以上打つ手がなくなってしまったということ。
17 観念《かんねん》した　諦めた。覚悟した。
17 決裂《けつれつ》　話し合いなどで互いの意見が合わずに終わること。

教126ページ

1 ほんとうの話《はな》し合《あ》い　たがいのなかに相手の本心をうかがうような想像力や関心が芽生える話し合いのことと考えられる。
2 プロセス　過程。
3 心根《こころね》　心の奥底。本心。
4 この修羅場《しゅらば》　相手のことを思いやることなく一方的に言葉をぶつけ合っている話し合いの場。「修羅場」とは「激しい戦いや争いが行われている場所」という意味。
9 その疼《うず》き　話そうとしても言葉では言い尽くせないようなもどかしさや心の痛みなど。「疼き」とは「ずきずきする痛み」の意。
10 察知《さっち》　おしはかって知ること。
11 理解《りかい》は起《お》こらなくていい　理解や解決を望んでいるのではなく、自分と一緒に果てしなく苦しい時間を共有してくれるだけでいいということ。

第二段落　教126ページ13行～127ページ6行

他者の理解とは、苦しい問題が発生しているその場所にともに居合わせ、そこから逃げないということだ。こういう交わりにおいて言葉を果てしなく交わすなかで両者の差異がさまざまの微細な点で際立ち、自分との違いを思い知る。これが他者を理解するということである。そして差異を思い知らされながらも相手をもっと理解しようとしてその場に居つづけること、そこにはじめてほんとうのコミュニケーションが生まれる。

13 たしかなこと　他者の理解とは、他者と一つの考えを共有する、あるいは他者と同じ気持ちになることではなく、苦しい問題が発生しているまさにその場所にともに居合わせ、そこから逃げないということ、を指す。
17 微細《びさい》　きわめて細かく小さいこと。些細《ささい》なこと。

教127ページ

5 社会的次元《しゃかいてきじげん》においても、つまり現代社会《げんだいしゃかい》の多文化《マルチカルチュラル》化《か》のなかで　筆者は、それまで個人間での話をしてきたが、これは多文化間や国家間の関係にも通じると、話題を大きく展開させている。
6 葛藤《かっとう》　ここは、両者が互いに譲らず対立し、いがみ合うことの意。

目的に沿った質問をする

教科書P.128〜133

語句の解説

教130ページ

13 **アスリート**　運動選手。

15 **自分軸**《じぶんじく》　ここでは、自分なりの時間に対する概念のことと考えられる。

教131ページ

17 **分岐点**《ぶんきてん》　ここでは、物事がどうなるかの分かれ目のこと。

19 **忠実**《ちゅうじつ》　ここでは、誠実、本気、実直といった意味。

ワーク①　左の説明は、部活動のレクリエーション開催にあたって行われた説明である。あらかじめどのようなことを聞いておく必要があるだろうか。

解答例　・来週の日曜日の何時から何時までの予定なのか。
・どこの河川敷なのか、河川敷のどの辺りなのか。
・雨天の場合どうするのか。
・どれくらいの人数が参加する予定なのか。
・バーベキューセットその他レクリエーショングッズなどは必要ないのか。　など

ワーク②　次のインタビューを読み、インタビュアーが相手の話を引き出すために工夫している点を指摘してみよう。

解答例　・(130・11)一般的なアスリートよりも遅い年齢で金メダルを獲得したことについての心情を尋ねている。
・(131・2)相手の発言の内容を言い換えて確認をしている。
・(131・8)人生において一般的ではない道を選択していることに着目し、理由を尋ねている。
・(131・15)相手の発言の中にキーワードを発見してピックアップすることによって、さらに掘り下げた話を導こうとしている。
・(132・2)相手の発言の中にぶれない信念や姿勢といったものを見《み》出《いだ》し、その根本に迫る質問によって話題を広げている。

課題①　相手の話をもとに質問を考える練習として、文章を題材とした活動をしてみよう。

考え方　①②共通。「空気を読む」(教157ページ〜162ページ)を題材として取り上げ、質問を考える。脚注の「①質問の種類」(教129ページ)および「②話を引き出す工夫」(教130ページ)を参考にするとよい。

課題②　四人でグループをつくり、一人を話し手、三人を聞き手とし、ミニインタビューをしてみよう。

考え方　①②③共通。知りたい情報をまとめるのが難しければ、最近の出来事や、自分との相違点(出身中学校、部活など)に着目して考えるとよい。追加質問では、相手の価値観や考え方、その根本となっている体験などに迫ったり、将来へのビジョンなどを聞いたりすると、文章にまとめる際、読み手にも興味深い記事にすることができる。

状況に応じた通信文を書く

教科書P.136〜140

語句の解説

教138ページ

8 **のっとった**　手本にした。模範にした。

教139ページ

2 **花冷《はなび》え**　桜の花が咲くころの、一時的な冷え込み。

ワーク①　次の①〜④を、便箋の手紙で伝えるほうがよいものと電子メールで伝えるほうがよいものに分類し、それぞれの特徴を考えてみよう。

解答例　・便箋の手紙…②④

・便箋の手紙の特徴…依頼やお礼など、自分の気持ちの強さを伝えたい場合にふさわしい。

・電子メール…①③

・電子メールの特徴…緊急で連絡をとる必要がある場合や複数の相手に同時に同じ情報を伝えたい場合などにふさわしい。

ワーク②　便箋に書いた手紙と電子メールを比べて、どのような点で異なるかを指摘してみよう。

考え方　送る側と受け取る側、作成にかかる時間、届くまでの時間、手間などに着目して対比させるとわかりやすい。

解答例　【便箋の手紙】・自分の強い思いが伝わりやすい。

・手書きなので見やすさに差が出て、字の上手下手も伝わる。

・作成に時間がかかり、複製を作成するのも大変。

・届くまでに日数がかかり、切手代などが必要。

・返信にも送るのと同じ労力とコストと日数がかかる。

【電子メール】・事務的。

・大きさも形も全く同じ文字なので見やすい。

・入力に慣れれば、作成に時間があまりかからず、複製が簡単。

・一瞬で送ることができ、また複数の人に複製を簡単に送ることもできる。

・返信も早くもらうことができる。

課題①　いずれも、封書で送ることを想定し、手書きあるいはパソコンで作成しよう。

①**案内状**　②**依頼状**　③**詫《わ》び状**

考え方　①②③いずれも形式はほぼ同じであり、縦書きか横書きかで書く順序が少し異なってくる。縦書きの形式は教科書138〜139ページを参照するとよい。横書きの場合の形式は次のとおり。実際に書く際には、「②手紙の形式」(教138ページ)および「④手紙の目的ごとの留意点」(教140ページ)に従う。

・日付、宛名、差出人名

・件名

・頭語、時候の挨拶(詫び状の場合は不要)、主文、末文、結語

・差出人の連絡先等

9 情報を比較する

「美しさの発見」について

高階秀爾《たかしなしゅうじ》

教科書P.147〜153

●学習のねらい

「美しさ」に対する一般的な見方と筆者の考えを整理して理解する。

●要　旨

「発明」とは今までになかったものを新しく創り出すことで、「発見」とは昔から存在はしていたけれどだれも気がつかなかったものを見つけ出すことだ。では、「美しさの発見」も同じことだろうか。もし、対象に内在する特殊な性質や価値が「美しさ」だとすれば、芸術家が「発見」して作品の中に定着させたその「美しさ」を、我々が受け取ったり感じ取ったりするのであり、この考え方が広く一般に受け入れられている。対して、詩人のような人並み優れた鋭い感受性と柔軟な魂の持ち主が平凡なものに「美しさ」を見出《みいだ》すとしたら、「美しさ」は対象にあるのではなく、それを「美しい」と感じる人間の心のほうにあるのではないか。または、「美しさ」は自然の中にもともとあるものではなく、「末期《まつご》の眼《め》」で眺められて初めて生まれるものであり、芸術家は、生の高揚の中で「末期の眼」を持ち得る人だと言うこともできるだろう。「美しさ」が対象に内在するものであるなら、我々はその「在り方」を探り、その法則を見《み》出《いだ》すことによって、我々自身でも新しく「美しい」ものを創り出すことができる。しかし、「美しさ」がそれを感得する人の心の問題だとすれば、我々は「美しさ」に近づくために、自分たちの心をいっそう鋭敏なものにしなければならない。

●段　落

本文は、「問題提起・展開①②・結論」の四段落構成となっている。

一　教P147・1〜P149・1　「美しさの発見」とは
二　教P149・2〜P150・7　「美しさ」に対する一般的な考え方
三　教P150・8〜P152・6　「末期の眼」で捉える「美しさ」
四　教P152・7〜P152・15　「美しさ」に近づくために

段落ごとの大意と語句の解説

第一段落　教147ページ1行〜149ページ1行

一　「発明」とは今までになかったものを新しく創り出すことで、

「発見」とは、昔から存在はしていたけれどだれも気がつかなかったものを見つけ出すことである。それでは「美しさの発見」も同じことだろうか。芭蕉《ばしょう》の「山路きて何やらゆかしすみれ草《ぐさ》」という一句には、だれも気づかなかったような新鮮な美しさの「発見」がある。また、セザンヌはサント・ヴィクトワール山を描くことで、だれも表現しなかったような新しい美を表現した。この芭蕉やセザンヌが「発見」したものは何なのだろうか。

教147ページ

3 **このような場合《ばあい》** コロンブスがアメリカ大陸を発見したりキュリー夫人がラジウムを発見したりしたような場合。

11 **同《おな》じこと** 昔から存在していたものの誰も気がつかなかった美しさを見つけ出したという「発見」の定義に当てはまること。

12 **山路《やまじ》きて何《なに》やらゆかしすみれ草《ぐさ》** 松尾芭蕉の「野ざらし紀行」に収められた俳句。「山道を歩いてきて、道端に咲くすみれの花に何となく心をひかれたことだ」という意味。

教148ページ

3 **新《あたら》しい美《び》** それまでは線遠近法が西洋絵画の伝統的手法だったが、セザンヌは複数の視点から色彩と量感を表現した。

5 **凝縮《ぎょうしゅく》** ここでは、芭蕉が山道を歩いていて道端に見つけた一輪の花の美しさを、俳句の十七文字で表現すること。

6 **戦慄《せんりつ》** ここでは、それまでだれも気がつかなかった山道のわきの一輪のすみれの美しさを、わずか十七文字の中に表現したことに対する緊張感や驚き、感動からくる身震いのことと考えられる。

13 **我々《われわれ》の感受性《かんじゅせい》の世界《せかい》を大《おお》きく広《ひろ》げてくれた** 具体的には、直前の「我々は、山道を歩きながら……眺めるわけにはいかない。」という一文を指している。

＊「感受性」＝外界の刺激や印象を感じ取る働き。

第二段落 教149ページ2行～150ページ7行

芭蕉やセザンヌが見つけ出したのは、自然の風物あるいは芸術作品などに内在する特殊な性質や価値であり、これが「美しさ」と呼ばれるものである。この「美しさ」は対象のほうにあり、芸術家が「発見」してそのエッセンスを作品の中に定着させることによって、我々の眼にも明らかなものとなる。この「美しさ」を本質的に対象そのものの持つ属性であるとする考え方は、広く一般に受け入れられている。

教149ページ

2 **それ** 「芭蕉やセザンヌが『発見』したというもの」を指す。

3 **それだったならば** すみれの花そのもの、あるいはサント・ヴィクトワール山そのものだったならば、ということ。

1 **「それは『発見』の名に値しない」といえるのはなぜか。**

答 「それ」とは「芭蕉やセザンヌが『発見』したというもの」を指している。「発見」とは昔からちゃんと存在していたけれどだれも気がつかなかったものを見つけ出すことであるのに、芭蕉やセザンヌが「発見」したというものが、すみれの花そのもの、あるいはサント・ヴィクトワール山そのものだったならば、それらは新種の草花でも未知の山でもないので「発見」ということはできないから。

3 (…に)値《あたい》しない　(……するのに)見合うだけの価値がないということ。

10 ないし　あるいは。または。

2 「そうだとすれば」とは、どのようなことか。

答 花や山に内在していながら、それまで誰も気がつかなかった何か特殊な性質、ないしは価値が美しさと呼ばれるものと考えてよいとすれば、ということ。

13 **放射能《ほうしゃのう》のようなもの**　「放射能」とは、放射性物質が外からの刺激を受けることなく自発的に放射線を放出する性質または現象のこと。ここでは、「美しさ」はものに内在して外部に放出されているにもかかわらず、通常は誰かが気がつくまでその美しさをだれにも理解されない、ということをたとえた表現。

14 **それ**　「美しさ」を指す。

教150ページ

5 **本質的《ほんしつてき》に対象《たいしょう》そのものの持《も》つ属性《ぞくせい》**　外部から与えられるものではなく、初めから対象に内在している特殊な性質や価値。

第三段落　**教150ページ8行〜152ページ6行**

芥川龍之介《あくたがわりゅうのすけ》が小学生のころ、「美しいもの」として「雲」を挙げたという話がある。これは、龍之介が子供のころから鋭敏な感受性の持ち主であったことを示している。詩人のように人並み優れた鋭い感受性と柔軟な魂の持ち主が、平凡なものに「美しさ」を見出すとしたら、「美しさ」は対象にあるのではなく、それを「美しい」と感じる人間の心のほうにあるのではないか。また龍之介は、死を決意したときの手記の中で、「美しさ」が「自然」のほうではなく、自然を見る「末期の眼」に属するという思想も語っている。とすれば、芸術家とは、生の高揚において常に「末期の眼」を持ち得る人だと言うこともできるだろう。

11 **失笑《しっしょう》**　笑ってはならないような場面でおかしさのあまり吹き出して笑うこと。

12 **鋭敏《えいびん》**　感覚などが鋭いこと。敏感。

教151ページ

13 **引《ひ》き合《あ》いに出《だ》される**　例や証拠として話に出されること。

3 「皆笑い出した」のは、なぜか。

答 皆は、美しさは対象に内在する何か特殊な性質や価値という考えにおいて、それがあると考えられる例を挙げたのに対し、龍之介は、特殊な性質や価値といった美しさがないと思われる「雲」を例として挙げたから。

3 **たしかにある種《しゅ》の実感《じっかん》があった**　芥川龍之介が持っている鋭い感受性と柔軟な魂が、たしかに「雲」を美しいと感じたということ。

4 **高揚《こうよう》**　精神や気分が高まること。

6 **平凡《へいぼん》**　これといった優れた特色もなく、ごくあたりまえなこと。

8 **そうだとしたら**　普通の人が何とも感じないような平凡なものにも美しさを見出すことがあるとしたら。

10 **ふと灯《とも》った灯火《ともしび》**　鋭い感受性と柔軟な魂によって、平凡な対象であっても美しいと感じる心のことと考えられる。

13 **敢然《かんぜん》** 覚悟を持って思い切って行動するさま。

13 **こういう僕《ぼく》** 自殺しようと考えている自分のこと。

15 **矛盾《むじゅん》** 論理が一貫しないこと。つじつまが合わないこと。

15 **末期《まつご》の眼《め》** 死に際の眼。

＊「末期」＝人生の終わり。最期。

教152ページ

2 **自然《しぜん》を見《み》る「眼《め》」に属《ぞく》するものだという思想《しそう》** 「美しさ」は、対象を美しいと感じる人間の心のほうにあるという考え方のこと。

5 **「末期《まつご》の眼《め》」を持《も》ち得《う(え)》る人《ひと》** 鋭敏な感受性と柔軟な魂によって、平凡な対象にも美しさを見出す人。

第四段落 教152ページ7行〜152ページ15行

もし「美しさ」が対象に内在するものであるなら、我々はその「在り方」を探り、その法則を見出すことによって、我々自身でも新しく「美しい」ものを創り出すことができる。対して、もし「美しさ」が、それを感得する人の心の問題だとすれば、我々は「美しさ」に近づくために、自分たちの心をいっそう鋭敏なものにしなければならない。

4 「この問題」とは、何か。

答 「美しさ」というものが、「発見」される以前から対象の中に内在しているものなのか、それとも「発見」されたときに初めて、発見した人の心の中に生まれてくるものなのか、という問題。

12 **もっぱら** ただただ。ひたすら。「専ら」と書く。

12 **感得《かんとく》** ここでは、普通の人では見出せない奥深い美しさを感じ悟ること。

14 **自分《じぶん》たちの心《こころ》をいっそう鋭敏《えいびん》なものにしなければならない** いっそう優れた感受性と柔軟な魂を持たなければならない、ということ。

学習のポイント

1 **本文を四つの部分に分け、それぞれどのようなことが述べられているか、まとめてみよう。**

解答例 省略（「段落」を参照）

2 **「しかし、それでは、芭蕉やセザンヌが『発見』したというものは、いったい何なのだろうか。」（148・15）とあるが、芭蕉やセザンヌは何を発見したのか。**

解答例 芭蕉は山道の道端に咲く一輪のすみれの花を、セザンヌは毎日見慣れている山を、それぞれ「美しい」と感じる心を発見した。

3 **筆者は、この文章において、「芸術家」をどのような人だと述べているか、「『末期の眼』を持ち得る人」（152・5）という語を簡単な言葉でまとめてみよう。**

解答例 生きている中で常に人並み優れた鋭い感性と柔軟な魂を持ち続け、自分が感じ取った対象の「美しさ」を作品の中に定着させることができる人。

4 「脳は美をどう感じるか」（154ページ）を併せて読み、次の①②に取り組んでみよう。

解答例 ①「『美しさの発見』について」では、「『美しさ』が対象に内在するものであるなら、我々はその『在り方』を探り、その法則を見出すことによって、我々自身でも新しく『美しい』ものを創り出して行くことができる」と述べている。対して「脳は美をどう感じるか」では、私たちの脳は自然界にある対称性や黄金比などに対して敏感に反応し、それと同じ性質をもった人工物に対しても美しさを感じるので、優れた芸術家は自らの感覚と経験によって脳が反応する美しさを生み出してきた、と述べている。

②「『美しさの発見』について」では、筆者は、「美しさ」が対象の中に内在しているのか、あるいは「美しさ」を発見した人の心の中に生まれてくるものなのか、大きな問題であるとしたうえで後者の考え方を重視し、自分たちの心をいっそう鋭敏なものにするべきだと述べている。対して「脳は美をどう感じるか」では、美しさを感じるときの脳の働きには個人差を超えた共通性があり、美を求めるという行為の深層には、人と人のつながり、さらには自己と他者の関係に意味を見出すという普遍的な心や脳の働きがあるかもしれないと述べている。

言葉と表現

1 「ないし」（149・10）を辞書などで調べ、用例に沿って短文を作ってみよう。

解答例 意味：①あるいは。または。
例文：栄養士ないしは調理師の資格を要する。
②数量などの上下や前後の限界を示して、その中間を省略して「〜から……まで」という意味を表す。
例文：費用は二万ないし三万円かかると見積もっている。

2 美しいと思ったものの例を挙げ、それはどのようなときに感じたものか、話し合ってみよう。

考え方 自然の中や芸術作品に見出せる「美しさ」を例に挙げてもよいが、この教材での学習を生かし、自分の身の回りのありふれた平凡なもので「美しい」と感じたものを挙げ、そのとき自分がどのような心理状態だったのかを考えるとよい。

語句と漢字

1 次の傍線部の漢字を用いて別の熟語を書いてみよう。

①戦慄　②鋭敏　③高揚　④平凡

解答例 ①慄然　②鋭利・鋭角　③抑揚・鷹揚《おうよう》　④非凡・凡才

空気を読む

香山《かやま》リカ

教科書P.157〜162

● 学習のねらい

一　筆者が感じる現代における「空気を読む」ことの現状と問題点を

理解する。

●要旨

大学の最近の学生たちを見ると、相手やまわりの空気の流れを読んで、それを乱さない発言ができるかどうかを重要視する「場の空気を読む」ということに必死になっているように感じる。対話も〝空気を読み合うゲーム〟になっている。若い人たちにとって「親友でもなければ他人でもない」という大学の同級生、サークル仲間などの「準パブリック」な関係での評価や見られ方こそがもっとも重要な意味を持つ。この「準パブリック」な関係の中では、自分だけまわりと違う意見を言ってしまうことでその場の「少数派」になるのがこわい、という気持ちがあるだろう。「少数派」には、「負け組」という言葉が象徴するようなネガティブなイメージがつきまとうのである。このような、その場に自分を合わせて人格構造を作り変えることは、いまや現代人として生き抜くための〝ゲームの基本ルール〟になっているのかもしれないが、いつからか自らの空虚さに気づき、破綻をきたすという指摘がある。自由な自分でいること、自分の意見や考えを自由に発言することを放棄し、場の空気を読み合ってまわりに合わせることだけにエネルギーを使う現代人が目指す「自分にとって有利なゴール」とは、いったい何なのだろう。

●段落

本文は、叙述の内容に着目して四つの段落に分ける。

一 教P157・1〜P158・16 「場の空気を読む」こと
二 教P159・1〜P160・9 「準パブリックな関係」について
三 教P160・10〜P161・16 「安全な多数派」とは
四 教P162・1〜P162・8 「自分にとって有利なゴール」とは

段落ごとの大意と語句の解説

第一段落 教157ページ1行〜158ページ16行

テレビの生放送番組は、司会者、コメンテーターたちの阿吽《あうん》の呼吸で進行し、それぞれが期待される役割をこなし、発言を的確に行う。ここで優先されるのは自分の意見や考えを主張することではなく、周囲の空気を読み取り、自分に期待されている役割をこなすことだ。大学の最近の学生たちを見ても、「場の空気を読む」ということに必死になっているように感じる。こうなると対話も〝空気を読み合うゲーム〟になってしまう。

教157ページ

2 **台本《だいほん》** 演劇や映画、放送などで、演出のもととなるせりふやト書きなどを書いた本。脚本。
6 **綿密《めんみつ》** 注意が行き届き、詳しく細かいこと。
7 **阿吽《あうん》の呼吸《こきゅう》** 二人以上で一緒にものごとを行うときの、互いの微妙な気持ち。また、それが一致すること。
9 **的確《てきかく》** まちがいが無いこと。あるいは核心をついていること。

教158ページ

1これ　テレビの生番組において、事前の打ち合わせがほとんどない状態で、司会者、コメンテーターたちそれぞれが期待されているはずの役割をこなし、的確な発言を行って阿吽の呼吸で本番が進行すること。

1意思《いし》　思考、気持ち。

1　**「目に見えない…従おうとしている」とあるが、具体的にはどのように行動するのか。**

答　自分の意見や考えを主張することなく、各人がテレビ番組や視聴者から期待されていると思われる役割をこなし、的確な発言を行う。

4「テレビ向《む》きではない」ということで淘汰《とうた》されて　テレビ番組でその場の空気を読まずに自分の意見や考えを主張していると、出演者としてふさわしくないとみなされ、出演者から外されるということ。

＊「淘汰する」＝不必要なもの、不適当なものを除き去ること。

8口《くち》を開《ひら》いた　話し始めること。

11それ　相手やまわりの空気の流れ。

15敬遠《けいえん》　表面では敬う態度を見せながら、実際にはかかわりを持たないようにすること。

教159ページ

第二段落　教159ページ1行～160ページ9行

日本人は、自分の気持ちよりもまわりの秩序を大切にする人が多い。最近は、自分優先、自己中心型の人が増えているようだが、同級生や友人といったプライベートな人間関係で、これまで以上にまわりの雰囲気、空気の流れを気にする人が増えているのではないか。プライベートといっても、完全に私的な親子、恋人、夫婦などの関係ではなく、職場ほど公的でもないが恋人や夫婦ほど私的でもない「準パブリック」な関係で「空気を読み合う」というのが目立つ。完全にプライベートな関係なら、多少の行き違いがあっても修正は可能だ。パブリックな関係なら、そこで評価されるのは〝素顔の自分〟とは違うので、失敗もそれほど気にしなくてすむ。「準パブリック」な関係での評価や見られ方こそが最も重要な意味を持つのだろう。

1そもそも　ここでは、「もともと。根本的に。」の意。

4発揮《はっき》　持っている能力や特性などを十分に働かせること。

5うつ病《びょう》　精神的ストレスや身体的ストレスなどを背景に、気分が沈んで何ごとにも意欲を失い、思考力や判断力が抑制される精神疾患。

5発症《はっしょう》　病気の症状が現れること。

7そうばかりではない　「メランコリー親和型」の人が減り、自分優先、自己中心型の人が増えているとも言いきれないということ。

8忠誠《ちゅうせい》　大切な相手に対して真心をもって尽くし、仕えること。

13クローズ・アップ　特定の事柄を大きく取り上げること。

2　**「これ」とは、何を指すか。**

答　職場ほど公的でもないが恋人や夫婦ほど私的でもない「準パブリック」な関係。

教160ページ

1 (…に)相当《そうとう》する　ここでは、当てはまること。
4 神経《しんけい》をすり減《へ》らして　あれこれと気をつかい過ぎて心身ともに疲れるさま。
5 気心《きごころ》が知《し》れている　何でも包み隠さず話せること。親しい。「気心」とは、その人が本来持っている性質や考え方のこと。
7 とりわけ親《した》しいわけでもないが、表面的《ひょうめんてき》なつき合《あ》いというわけでもない　具体的には、職場ほど公的でもないが、恋人や夫婦ほど私的でもないこと。

3 **「『準パブリック』な関係での評価…もっとも重要な意味を持つ」とあるが、それはなぜか。**

答　完全にプライベートな関係ではないので行き違いがあったら修正が難しく、パブリックな関係と違って〝素顔の自分〟が評価されるので、失敗したら気になるから。

第三段落　教160ページ10行～161ページ16行

「準パブリック」な関係の中で、人が「場の空気」を読んで自分の言動を合わせていくのには、その場の「少数派」になるのがこわい、という気持ちがあるのだろう。「少数派」には、「負け組」という言葉が象徴するようなネガティブなイメージがつきまとい、「安全な多数派」という状態が当然だというのが暗黙の了解となっている。精神分析学者のH・ドイッチェは、その場に自分を合わせて人格構造を作り変える人たちを「かのような人格」と名付け、このような人は、いつからか自らの空虚さに気づき、破綻をきたすと指摘している。

11 すり合《あ》わせていく　複数の意見や案、見解などを妥協・納得できる内容に調整すること。
15 非凡《ひぼん》　平凡でないこと。普通より特にすぐれていること。
16 負《ま》け組《ぐみ》　勝負に負けた人や社会的・経済的に失敗した人、成功を勝ち得なかった人など広い意味で使われる。「勝ち組」の対義語。

教161ページ

2 機能《きのう》　あるものが本来備えている働き。
3 倫理《りんり》　人として守り行うべき道。善悪などの判断において普遍的な規準となるもの。道徳。
7 驚《おどろ》くことがある　学生たちが、いま健康であり、平和で豊かな社会にいることや、「安全な多数派」である状態を当然と思っており、「少数派」である人たちの気持ちを想像する必要などないではないか、というのが暗黙の了解になっていることに筆者は驚いている。
8 あたかも…のよう　あるものが他によく似ていること。
11 暗黙《あんもく》の了解《りょうかい》　口に出して明言しなくても理解や納得が得られているさま。言葉にしなくても皆が了承しているさま。
14 「かのような人格《じんかく》」は病理《びょうり》ではなくて……〝ゲームの基本《きほん》ルール〟になっている　現代人には、対話がコミュニケーションというより〝空気を読み合うゲーム〟となってしまっているので、その場に自分を合わせて人格構造を作り変えることは生き抜くために必要なことであるということ。
＊「病理」＝病気の原因・過程などに関する理論。
16 空虚《くうきょ》　内部に何もないさま。
16 破綻《はたん》　ものごとがうまくいかなくなること。それまで築かれていた関係などが壊れること。

16 (…を)きたす　結果として、ある事柄や状態を生じさせること。

教162ページ

第四段落　教162ページ1行～162ページ8行

自由な自分でいること、自分の意見や考えを自由に発言することを放棄し、場の空気を読み合ってまわりに合わせることだけにエネルギーを使う現代人が目指す「自分にとって有利なゴール」とは、いったい何なのだろう。

4 **本来《ほんらい》は問題《もんだい》ではないのだろうか**　読者に問いかける形になっているが、筆者は、有利な生き方をするために、そのときの流行や状況に合わせて自分自身のあり方さえ操作しなければならないのはおかしいと感じている。

5 **強制《きょうせい》**　相手の意思にかかわりなく、権力や威力によって、あることを無理にさせること。

6 **放棄《ほうき》**　自分の権利や資格を行使せずに捨てること。

7 **自分《じぶん》にとって有利《ゆうり》なゴール**　この文章では、対人関係上の対話を〝空気を読み合うゲーム〟と表現している。また、その場に合わせて人格構造を作り変えることを、現代人として生き抜くための〝ゲームの基本ルール〟と言い換えており、その流れで現代人が目指す理想の地点を「自分にとって有利なゴール」と表現している。

「個人」から「分人」へ

平野啓一郎《ひらのけいいちろう》

教科書P.163～167

●学習のねらい

筆者の主張を、具体例や根拠と関係づけて捉える。

「空気を読む」と比較し、対人関係における考え方の共通点や相違点を理解する。

●要　旨

「個人」という日本語の語源であるラテン語の意味は「分けられない」だった。この最小単位を分割不可能な個人と定めることには有効性があったため、以後、共同体に個人を対置する発想は、今日にまで受け継がれている。しかし、日常生活を顧みる時、個々の人間は多様であり、対人関係毎《ごと》に複数の人格に分化するので、人格の唯一性、排他性を基本とする個人は分割不可能という考え方と矛盾する。この矛盾を解決するために、排他的な中心としての人格を認めず、複数の人格の脱中心化されたネットワークを一人の人間として理解し、その個々の人格を分割可能な「分人」として概念化する必要がある。この「分人」を基本単位として認識することで、激動する世界の現実と、より適応的な価値観とシステムの構築が可能になる。世界を変えるためには、分人という概念が有効に機能し、自己と他者の関係性を把握し直すところから始めなければならない。

●段落

本文は、叙述の内容に着目して四つの段落に分けられる。

一 教P163・1～P163・12 一般的な「個人」の概念
二 教P164・1～P164・15 対人関係と「個人」の概念の矛盾
三 教P164・16～P165・10 「分人」という概念
四 教P165・11～P166・10 「分人」の概念の意義

段落ごとの大意と語句の解説

第一段落 教163ページ1行～163ページ12行

「個人」という日本語の語源であるラテン語の意味は「分けられない」だった。この意味の理由の一つは、神が一者である以上、神と向かい合う人間もまた一なる存在でなければならないからである。そしてもう一つは、人間が帰属するカテゴリーを細分化した果てに、最後に「分けられない」存在として残るのが個人だ、という論理学の考え方である。近代化によって階層的に分化した社会を機能的に分化させて再編成する上で、個人という概念には有効性があったので、以後、共同体に個人を対置する発想は、今日にまで受け継がれている。

教163ページ

3 **接頭辞《せっとうじ》** 語の前について一語を形成し、文法上の役割を変化させたり、意味を付け加えたりする語。

7 **論理学《ろんりがく》** 正しい思考の筋道や知識の構造などを研究する学問。

8 **帰属《きぞく》** ものや人が、特定のものに属すること。

8 **カテゴリー** 分類。ジャンル。

10 **階層的《かいそうてき》に分化《ぶんか》** 支配権や財産などを有する人々を頂点とした身分制や階級制を基本とした社会構造になっている状態。

10 **機能的《きのうてき》に分化《ぶんか》** 資本主義体制など、社会のさまざまな側面が機能や職能で割り振られた人々によって支えられている状態。

12 **対置《たいち》** 二つのものごとを対照させて置くこと。

教164ページ

第二段落 教164ページ1行～164ページ15行

日常生活を顧みる時、人間が分割不可能な主体であるという考え方と、私たちが対人関係において分化された複数の人格を持って生きている現実は矛盾する。「本当の自分」は一つだが、社会生活上、表面的な幾つかの顔を使い分けているという考え方もあるが、この考え方には、コミュニケーションが虚無的になる、「本当の自分」とは何かわからないという問題点がある。

1 **顧《かえり》みる** 振り返ること。

1 **首尾一貫《しゅびいっかん》** 一つの方針や態度で最初から最後まで貫かれていること。

5 **持続的《じぞくてき》で、反復的《はんぷくてき》な関係《かんけい》が形成《けいせい》する一種《いっしゅ》のパターン** コミュニケーションをとる相手ごとに、自分のあり方が変わるということがずっと続くこと。

8 **人格《じんかく》の唯一性《ゆいいつせい》、排他性《はいたせい》** 自分の人格とは唯一の「本当の自分」だけであり、他の自分の人格の存在はいっさい認めないこと。

1 「この現実」とは、どのようなものか。

答 分化する複数の人格を、すべて「本当の自分」として抱え込みながら生きていくしかないという現実。

9 **真《ま》っ向《こう》**　真正面。
9 **苦肉《くにく》の策《さく》**　苦しんだ末に考え出した手立て。
10 **「本当《ほんとう》の自分《じぶん》」は……使《つか》い分《わ》けている**　自分は分割不可能な唯一の人格ではあるが、社会生活上では仕方なく、人格を周囲に合わせて、本心ではない自分を演じているということ。
10 **否応《いやおう》なく**　承知も不承知もなしで。文句なしで。
13 **虚無《きょむ》**　何ものもなく虚しいこと。この世のすべてのものに価値や意味を認めないこと。

第三段落　教164ページ16行〜165ページ10行

個人の概念と対人関係の現実の矛盾を解決するために、複数の人格の脱中心化されたネットワークを一人の人間として理解する「分人」という概念が必要である。個性は分人の構成比率によって決定されるので、環境やつきあう相手が変わった時も一人になった時も有効な概念といえる。

2 「排他的な中心としての人格を認めず、…一人の人間として理解する」とは、どのようなことか。

答 「本当の自分」は一人だけであり分割不可能であるという唯一性・排他性を基本とした考え方ではなく、対人関係毎に違う自分の人格すべてを一人の人間として理解するということ。

教165ページ

3 **構成比率《こうせいひりつ》**　あるものが全体に占める割合。
6 **昔《むかし》 馴染《なじ》み**　古くからの知り合い。
8 **一人《ひとり》になった時《とき》も、…生《い》きている**　「分人」は対人関係の現実に適応するための概念であるが、自分という人間は複数の人格がネットワークを形成していると捉えることで、一人の時であっても「本当の自分」という考え方から脱却できる、という筆者の意図があると考えられる。
10 **隔離《かくり》**　へだてて離すこと。

第四段落　教165ページ11行〜166ページ10行

人格の複数性を「分人」として概念化し、基本単位として認識することで、激動する世界の現実と、より適応的な価値観とシステムの構築が可能になる。例えば、自己愛と自己嫌悪の問題を相手との関係性に於《お》いて見つめ直せたり、アイデンティティの変化を、分人化という動的な現象の下に観察できたり、複数のコミュニティに多重帰属することで、コミュニティ間の断絶が回避されたりする。世界を変えるために、分人という概念が有効に機能し、自己と他者の関係性を把握し直すところから始めなければならない。

11 **自明《じめい》**　証明や説明がなくても明らかであること。
11 **この人格《じんかく》の複数性《ふくすうせい》**　自分という人格が対人関係の数だけあること。
12 **概念化《がいねんか》**　特定の現象やものごとなどを、他者と広く共有できる概念に置き換えること。
13 **より適応的《てきおうてき》な価値観《かちかん》とシステムの構築《こうちく》が可能《かのう》になる**　「分人」の概念のもとでは、対人関係によって自分の価値観を変えることも認めることができ、一人の時でも社会の中にいても、それぞれの環境に応じて自分を位置づけることができるということ。

教166ページ

答3 「自己否定を部分否定に留めることもできる。」のはなぜか。

相手との関係性によって自分の人格が変わることを肯定しているので、ある人格を否定しても、別の人格を否定することにはならないから。

3 **アイデンティティの変化《へんか》を……観察《かんさつ》できる** それまでの人格を否定するのではなく新しい人格が生じたというように、自分のアイデンティティの変化と捉えることができるということ。

4 **紐帯《ちゅうたい》** 二つのものを結びつける役割をするもの。

4 **ミクロな分人同士《ぶんじんどうし》の相互依存性《そうごいぞんせい》** 複数の人同士で、お互い共通する考え方や意識をもちながら、それぞれの価値観や人格なども認め合うことの意と考えられる。

6 **複数《ふくすう》のコミュニティに……断絶《だんぜつ》が回避《かいひ》される** 分割不可能な個人だと同じ考え方や価値観のコミュニティにしか属することができないが、「分人」の概念だと、一人の人間が分人毎に異なるコミュニティに属することができ、コミュニティが広くつながるということ。

7 **従事《じゅうじ》** 仕事に携わること。

7 **リスク** 悪いことの起きる可能性。危険。

学習のポイント

1 **相手や状況によって自分の見せ方が変わることによるメリットとデメリットについて、「『個人』から『分人』へ」からメリットを、「空気を読む」からデメリットを指摘してみよう。**

解答例 【メリット】・自己愛と自己嫌悪の問題を、分人毎に、相手との関係性に於いて見つめ直すことができる。
・ミクロな分人同士の相互依存性が共同体の紐帯として期待できる。
・複数のコミュニティに多重帰属することで、コミュニティ間の断絶が回避できる。
【デメリット】・対話が〝空気を読み合うゲーム〟と化してしまう。
・少数派の立場になるのがこわくて空気を読みすぎてしまうと、自分がどう見られているか、まわりから浮いていないかに、神経をすり減らしてしまう。
・その場に自分を合わせて人格構造を作り変え続けると、いつから自分の空虚さに気づき、破綻をきたすかもしれない。

2 **「『個人』から『分人』へ」では、「『本当の自分』は一つだが、社会生活上、否応なく、表面的な幾つかの顔を使い分けている」(164・10)という考え方が示されている。これについて、次のことを考えてみよう。**

解答 ①一つは、コミュニケーションが虚無的になってしまう、という点である。もう一つは、では、「本当の自分」とは何なのかと考え始めても、結局どこにも辿《たど》り着かない、という点である。
②「素顔の自分」

3 二つの文章は、我々が個々の場面や状況に合わせてコミュニケーションのやり方を変えるという現象に着眼している点は共通しているが、同じことを主張しているわけではない。それぞれの文章の主張にどのような違いがあるか、整理してみよう。

解答例 「空気を読む」では、コミュニケーションそのものに焦点を当てており、「準パブリック」な関係において「少数派」になることを恐れて場の空気を読み合い、自由な自分でいることや自分の意見や考えを自由に発言することを放棄していることに警鐘を鳴らしている。

「『個人』から『分人』へ」では、コミュニケーションをとる人間に焦点を当て、分割不可能な個人という概念をあらため、対人関係によって異なる自分の人格を「分人」と概念で認め、この概念が有効に機能することによって、より自由で豊富な生が実現することを期待している。

言葉と表現

1 二つの文章を読んで考えたことを、「参考資料」（168ページ）もふまえて話し合ってみよう。

考え方 「空気を読む」と「『個人』から『分人』へ」では主張する着眼点が異なるので、一概にどちらが良い悪いを論じることはできない。二つの参考資料から「空気を読む」や「『個人』から『分人』へ」で指摘されていることが表れている点や、両者の主張で解決できる点などを読み取り、自分の意見をまとめるとよい。

語句と漢字

1 次の漢字の読みを書いてみよう。

①標的　②秩序　③偶然　④破綻

解答 ①ひょうてき　②ちつじょ　③ぐうぜん　④はたん

2 次の片仮名を漢字に直してみよう。

①会社にツトめる。
②コウテイ的な意見を言う。
③アンモクの了解。
④ケンキョな態度で臨む。

解答 ①勤　②肯定　③暗黙　④謙虚

3 次の傍線部の漢字を用いて別の熟語を書いてみよう。

①象徴　②機能　③放棄　④隔離

解答例 ①特徴・徴候　②機会・好機　③棄権・棄却　④隔年・間隔

10 他者を動かす

説得力のある資料をつくる

教科書P.170～173

語句の解説

教171ページ

13 **掲載**《けいさい》 新聞や書籍、インタビューなどに、文章や写真などを載せること。

教173ページ

1 **活性化**《かっせいか》 社会や組織などの活動が活発になること。また活発にすること。

ワーク① **前ページ「ウォームアップ」で示した二つの企画書は、それぞれ誰に対して何を伝えるのが目的なのか、考えてみよう。また、よりよくするために必要なことを考えてみよう。**

考え方 文体や言い回しに着目すると、誰を対象とした企画書なのか見えてくる。対象者を絞ったら、提案を伝えたい対象者が欲しいと思われる情報が入っているかどうか考えればよい。

解答例 ①【誰に】市役所内の他部署の人、協賛企業など

【何を】シェアサイクル導入の提案

【必要なこと】

・シェアサイクルとは何かという説明

・他地域での導入実績等

・予算や収入の運用方法

②【誰に】地元の一般住民

【何を】シェアサイクルの便利さと利用の提案

【必要なこと】

・交通渋滞の緩和や二酸化炭素削減の具体的な数値データ

・誰にどのようなメリットがあるのかという「採算性」の説明

・どのように地域が活性化するのかという具体的な説明

・設置場所や利用時間、利用方法、利用料金など

ワーク② **「ウォームアップ」の企画書の内容と結びつくように、次の写真やグラフに見出しをつけてみよう。**

解答例 ①写真：○○市のシェアサイクルポートの様子

グラフ：○○市のシェアサイクル利用状況

②写真：整然と並べられたシェアサイクルポート

グラフ：シェアサイクル、いつどんな時に利用しているのだろう

ワーク③ **次の資料は、地域を活性化させるための企画書の一例である。どのような視覚的な工夫がされているか、指摘してみよう。**

解答例　・見出しがついているので何のための資料かすぐわかる。
・課題が短く箇条書きにまとめられている。
・肝心な解決策が色を変えて示されている。
・グラフによる現状分析は年齢層や増減がひと目でわかる。
・二〇〇五年と二〇一四年でグラフの色を変えている。　など

課題①　**①中学生に向けて、学校説明会で上映するための学校紹介の動画を作成することになった。先生方に向けた企画書を作成してみよう。**
②『動的平衡としての生物多様性』（69ページ）を読み、そこで主張されていることを企画書の形に整えてみよう。

考え方　いきなり企画書を書くことは難しいので、教科書171ページ脚注「①企画書に必要な三つの要素」に沿って対象者にとって必要な情報を意識しながら書き出す。実際に企画書を書く際は、172ページ脚注「②企画名の工夫」、173ページ脚注「③視覚的な工夫」を参照するとよい。

資料を用いて発表する

教科書P.176～181

語句の解説

教176ページ
資料2**ジェンダー**　社会的・文化的な役割としての男女のあり方。
資料18**先入観《せんにゅうかん》**　あるものごとに対してあらかじめ抱いている見解やイメージで、自由な発想を妨げるもの。思い込み。

ワーク①　**前ページのプレゼンテーションの例について、次の表に整理し、それぞれの内容に不足がないか、考えてみよう。**

解答例　思い【はじめ】ＳＤＧｓの目標５に取り組むべきだ。
【なか】特になし
【おわり】結婚・出産を経た女性が仕事を辞めるのは仕方がないというのは誤った先入観ではないか。日本社会も変わっていかなければならない。
事実【はじめ】なし
【なか】自分の従妹《いとこ》が出産して仕事を辞めたこと。
【おわり】なし
説明を補足するなら
・「思い」の具体例で、従妹が出産を機に仕事を辞めたことに対して自分がどう感じたかを入れるとよい。
・「事実」のまとめで、日本の現状に対して諸外国ではどうなのか、例を挙げてみるとよい。

ワーク②　**「ウォームアップ」のスライド①と③について、次のように修正した。もとのスライドとの印象の違いを話し合ってみよう。**

解答例　【スライド①】・自分の意見に関する目標だけピックアップされたので、注目してほしい点がわかりやすくなった。
・シンプルすぎて寂しい印象がある。

【スライド③】・文字数が多かったので短く端的な文になったので意見がわかりやすい。
・文字の大きさや色に変化をつけている。
・インパクトに欠ける印象がある。

ワーク③ **「ウォームアップ」のスライド②については、発表内容・資料とともに変更しようと考えた。次の情報をもとに、スライド②を作成してみよう。**

考え方 現代において「男女共同参画白書の統計によれば、第1子出産後、実に母親の50％近くが仕事を辞めています。」ということがよくわかるグラフを提示すればよい。資料の二〇一〇～一四年のグラフから「就業継続」（53.1％）と「出産退職」（46.9％）の部分のみを抽出したグラフを示すとシンプルになってわかりやすくなる。示す内訳が二項目しかないので、グラフを円グラフにしてもよい。

ワーク④ **ワーク②③でまとめなおした三枚のスライドを使って、実際に一分間のプレゼンテーションをしてみよう。また、スライドの順序を入れ替えて行い、どの順序が最も印象に残ったか、話し合ってみよう。**

考え方 プレゼンテーション時間が一分なので、原稿は三〇〇字～四〇〇字程度にまとめるとよい。聞き手を説得するために、声の強弱、スピード、間の取り方なども工夫しよう。

スライドの順序を入れ替えると印象が大きく変わり、違和感がある場合も考えられる。スライドの順序だけでなく、スライドを投影するタイミングや話す内容の順序などもいろいろと考えてみよう。

課題❶ **①一分間で発表しよう**
②三分間で発表しよう

考え方 ①②共通。発表時間が短いので、構成の他、自分の意見や主張を目立たせる、使用するスライドや情報をひと目でわかりやすいものにするなどの工夫が必要である。パソコンのプレゼンテーションソフトの一つにパワーポイントがある。情報機器の操作に慣れている場合は使ってみるのもよい。

社会への視点②——さまざまな広告

教科書P.185～186

ワーク① **ポスター広告には、次のような要素が含まれていることが多い。上の広告のどの部分にあたるか、指摘してみよう。また、それらにどのような工夫がされているか考えてみよう。**

解答例 キャッチコピー…「あなたのマナー、いいカンジ!?」

【工夫】「感じ」をカタカナにすることで親しみやすくなっている。「漢字」とも掛け合わせて、中央の「滴」に目が行きやすくなる効果も考えられる。英語でも書かれており、外国語圏の人にも訴えることができる。

ボディコピー…「【しずく　drop】雨の日は、濡《ぬ》れた傘の取り扱いにご配慮を。」

【工夫】辞書のような示し方で目を引く。内容も端的に書かれていて一瞬見ただけで頭に入ってくる。英語でも書かれており、外国語圏の人にも訴えることができる。

イラスト・写真…「滴」という漢字ときちんと閉じられていない傘についた滴が他の乗客に迷惑になっているイラスト。

【工夫】「滴」がポスターの中央に大きく黒く太いゴシック体で書かれているのでインパクトがある。「さんずい」をドロップ型にすることによって、固さがやわらぎユーモアが感じられる。また、この漢字やボディコピーだけでは言いたいことがわかりにくいが、イラストによって、乗車の際に濡れた傘をどうしたらよいかがよくわかる。

その他必要な情報…略。

ワーク②　身のまわりのポスター広告から、優れた表現や効果的な表現を指摘してみよう。

考え方　駅構内などは、いろいろな種類のポスター広告が慌ただしく行き交う人たちの目にとまりやすいように工夫して掲出されているので参考にしやすい。

ワーク①　テレビやインターネットなどで、これまで見たことのあるコマーシャルについて、

①印象に残っているものを、紹介してみよう。

②それがどのような目的のもと、どのような対象に向けて作られたものか考えてみよう。

考え方　①②共通。テレビコマーシャルは民放を見てみよう。対象者は放映されている時間帯から絞ることができる。インターネットでは、検索エンジンの右端（バナー広告）や動画の途中で挿入されるコマーシャルを参照するとよい。

ワーク②　上の例を参考に、何かを六秒で紹介するＣＭの撮影台本を考えてみよう。

考え方　伝えたいことをどのように目立たせるのか、何コマ構成にするのか、それぞれのコマをどのように提示していくかなど、効果的な表現の仕方を工夫しよう。

11　主張を吟味する

贅沢《ぜいたく》を取り戻す

國分功一郎《こくぶんこういちろう》

教科書P.189〜196

●学習のねらい

論の展開をつかみ、「浪費」と「消費」がどのように対比されているかを読み取る。

●要旨

贅沢は不要なものに出費するとして、しばしば非難されるが、必要なものだけで人間は事足りるのだろうか。必要なものが必要な分しかないと、必死で現状維持に努めねばならない。そこに豊かさを感じる満足感はない。贅沢つまり浪費は、必要な分を超えてモノを受け取り、満足をもたらす。モノの受け取りには限界があるので、浪費はどこかでストップする。一方、消費とは、モノそのものではなく、記号や観念を受け取るので満足はなく、いつまでも終わらない。そのことが消費と不満足の悪循環を生み出し、大量生産・大量消費・大量投棄の消費社会を生み出した。今必要なのは消費社会のサイクルから抜け出し、贅沢を取り戻すことである。そのためには楽しむことができる訓練が必要だ。我々が楽しむ訓練を積むことによって、今の消費社会を革命的に変える可能性がある。

●段落

本文は、論の展開に着目すると、「主題の提示」「対立する問題」「問題点の説明」「問題点の解決策」「解決策の社会的意義」の五つの段落に分けられる。

一　教P189・1〜P191・2　贅沢の意味と必要性
二　教P191・3〜P192・9　消費の意味と問題点
三　教P192・10〜P193・8　浪費と消費の違い
四　教P193・9〜P194・15　贅沢を取り戻すために楽しむ訓練
五　教P194・16〜P195・9　楽しむ行為の社会的意義

段落ごとの大意と語句の解説

第一段落　教189ページ1行〜191ページ2行

贅沢は不必要なものに出費することと関わっているためしばしば非難されるが、必要なものが必要な分しかないのはあやうい状態である。必死に現状維持に努めねばならず、豊かさとはほど遠い。必要を超えた贅沢が許されてこそ人は豊かさを感じる。必要を超えてモノを受け取る贅沢つまり浪費は、満足をもたらし、どこかでストップする。

教189ページ

1 **贅沢**《ぜいたく》　必要以上にお金をかけたり、物を使ったりすること。本文のテーマを導く言葉。

1 **不必要**《ふひつよう》**なもの**　先に挙げられた「贅沢」が「必要の限界を超えて」支出されたものであれば、それは不必要なもの（＝無駄）とされる。

2 **豪勢**《ごうせい》　この上なく贅沢で立派な様子。

3 **しばしば**　何度も繰り返す。頻繁に。しきりに。

8 **事足**《ことた》**りる**　それだけで用が足り、十分である。

10 **十二分**《じゅうにぶん》　十分すぎるほどたっぷりとある。「十分」の強調表現。本文では、「十分とは十二分ではない」とあるので、ここでは「十分以上」の意味。

11 **崩**《くず》**す**　今まで保たれていたものがそうではなくなる。部分的にばらばらになったり壊れたりする。ここでは、保たれていたものがそうではなくなる、の意味。

11 **アクシデント**　思いがけない出来事。事故や災難。

12 **排**《はい》**し**　邪魔なものやマイナス要素を退ける。

教190ページ

1 **豊**《ゆた》**かさ**　満ち足りている。十分である。経済的に恵まれている。精神的に余裕がある。ここでは、十分にある、の意味。

1 **「人間が…贅沢が必要である。」とあるが、それはなぜか。**

答　現状を維持するだけの生活から抜け出て豊かさを感じるためには、必要な分を超えてモノが余分にある状態でなければならないから。

3 **余分**《よぶん》　必要な分より多いこと。

4 **浪費**《ろうひ》　お金や時間、物、力などを無駄に費やすこと。筆者は、浪費こそが豊かさであり、人類には必要であると述べている。

5 **モノ**　本文中には「もの」と「モノ」の二種類の表記がある。「もの」が「必要なもの」という意味で用いられているのに対し、「モノ」は物の物質性や存在性を引き立たせるもの、という意味で用いられている。

7 **他**《ほか》**ならない**　まさに……である。

9 **享受**《きょうじゅ》　自分のものとして受け入れ、味わい楽しむこと。

教191ページ

第二段落　教191ページ3行〜192ページ9行

浪費がどこかでストップするのに対して、最近人が始めた消費はストップしない。消費の対象はモノそのものではなく、モノに付与される記号や観念だからだ。記号や観念の受け取りには限界も満足もない。

4 **消費**《しょうひ》　欲しいものを得るためにお金やサービス、時間などを使って減らすこと。対義語は「生産」。

10 **腹八分**《はらはちぶ》　満腹の少し手前で食べるのをやめること。腹八分目。

13 **グルメブーム**　「グルメ」はフランス語。食通、美食家の意味。「グルメブーム」はおいしいものを食べることがブームになること。

14 **宣伝《せんでん》** そのものやそのもののよさを大衆に周知させること。

14 **殺到《さっとう》** 多くの人や物が一斉に押し寄せること。

14 **もちろん** 当然。無論。ここでは、有名人が利用している店に行く理由が「『あの店、行ったことがあるよ』と他の人に言うため」なのは当然のこと、という意味。

教192ページ

1 **延々《えんえん》と** 果てたり尽きたりすることなくいつまでも。

2 「店は完全な記号になっている。」とは、どのようなことか。

答 飲食店がおいしいものを食べる所ではなくなり、「行ったことがある」と人に言える、意味や観念を得る所になっていること。

2 **記号《きごう》** 社会的共通認識のもと、ある意味や内容を示す文字や符号などの総称。ここではグルメブームを例に、人々は「おいしい、もしくは有名人が利用している店に行ったことがある」という意味を受け取っている、と述べている。

4 **モデルチェンジ** 製品のデザインや性能、型を変えること。

6 **「新《あたら》しい」** ここにかぎ括弧が用いられているのは、機能的な新しさではなく、「新しい」という意味(「チェンジ」の意味)が重要である、ということを強調する目的があるからである。

7 **モデルなどみていない** 新しい携帯電話に備わった新しい機能や性能などは注視していない。

第三段落 教192ページ10行〜193ページ8行

消費と浪費は違う。浪費は目の前のモノを受け取るが、消費は意味や観念を受け取る。満足を求めて消費するのだが、意味や観念は満足をもたらさないので、更に消費する。この繰り返しから消費と不満足の悪循環が生じ、大量生産・大量消費・大量投棄の経済が生まれる。消費社会の問題点は贅沢ではない。むしろ贅沢が奪われることにある。必要なのは、贅沢を取り戻すことである。

11 **消費社会《しょうひしゃかい》の魔法《まほう》** 「魔法」は不思議なことを起こす術、の意味。実際にある「モノ」を受け取る浪費は、いつか満足することでストップすることがあるが、記号や観念を受け取る消費は、いつまでも満足することなく受け取り続けることになる。これを魔法(＝不思議なこと)としている。

3 「消費と不満足との悪循環」とは、どのようなものか。

答 満足を求めて消費しても意味や観念からは満足が得られないので、さらに消費する。それでも満足できないので、また消費するということを繰り返し続ける状態。

13 **悪循環《あくじゅんかん》** 二つの物事が影響し合って、どんどん悪い状態になっていくこと。本文では消費と不満足の関係。

15 **サイクル** ひとまわりする周期。あるものが一定の変化を経て、もとに戻ること。

16 **投棄《とうき》** 不要なものとして捨てること。

教193ページ

2 **眺《なが》めながら** この表現を用いることで、消費社会を批判している者は、大量生産・大量消費・大量投棄の社会から一歩引いた存在であることを示している。ただ、それはあくまで主観であり、実際は批判している者も、同じ社会の一員といえるだろう。

2 **糾弾**《きゅうだん》　罪や不正、責任などを問いただして責めること。

4 **仕立**《した》**て上**《あ》**げ**　実際はそうではないが、いかにもそのようにさせること。人間は本来は浪費家であるのに、消費者こそが本来の姿である、としていることを指す。

6 **とめどない**　とまることなく、次から次へと現れ出る。

6 **渦**《うず》　物事がめまぐるしく動いている様子。

第四段落　教193ページ9行～194ページ15行

贅沢を取り戻すためには、モノを享受し、楽しむことができなければならない。楽しむという能力は自然に身につくものではなく、教育による訓練の結果獲得される能力である。そうしたさまざまな楽しむための訓練は、日常的に行われている。

13 **その道**《みち》　ここでは、直前の段落の、モノを享受し楽しむことができるようになる道(方法)を意味する。

15 **行為**《こうい》　(人が)目的をもって、結果をともなうことをすること。

15 **自然発生的**《しぜんはっせいてき》　ここでは、ひとりでに、何もしなくてもの意味。

教194ページ

2 **このように**　前段落の「ラッセルによれば……技術なのである」(教193ページ14行～194ページ1行)を指す。

2 **「教養」**《きょうよう》　学問・知識などによって身についた心の豊かさ。かぎ括弧付きなのは、引用・要約元のラッセルの文章に出てくる言葉だからと思われる。

3 **念頭**《ねんとう》**においている**　覚えていて常に気にかけている。

3 **素養**《そよう》　日頃の修練によって身についた、教養や技術。

6 **会話術**《かいわじゅつ》　ここでは、人との交際をとおして身につけた、会話の技術。

10 **ファストフード**　注文してすぐに食べられ、テイクアウトもできる食品。ファーストフードともいう。ハンバーガーなど。

11 **繊細**《せんさい》　ここでは、きめが細かく優美な様子。人(の性格)に対して用いると、感情が細やかで外部からの影響を受けやすい、の意味。

12 **体得**《たいとく》　体験によって、完全に自分のものとすること。

第五段落　教194ページ16行～195ページ9行

消費社会はモノを楽しむ浪費家をつくるための訓練の機会を奪っている。消費社会のゲームのために。だから、楽しむ行為には革命的な意義がある。楽しむための訓練を積むことで、消費と不満足の悪循環のサイクルから脱することができ、今の消費社会が変わる可能性がある。

教195ページ

2 **ゲーム**　本来は、勝ち負けを競う遊びや競技。ここでは、消費の記号や観念を受け取り続けることが、ゲームにおける得点や勝ち負けと似ていることからのたとえ。

3 **焦燥感**《しょうそうかん》　あせっていらだつ気持ち。

3 **苛**《さいな》**まれながら**　「苛む」は、苦しめ、悩ますこと。

5 **革命的**《かくめいてき》　それまでの状態を全く違うものに変えるさま。

8 **物事**《ものごと》**が回**《まわ》**らなくなる**　「回る」には、よく作動する、よく働くなどの意味があるので、物事の進行が停滞する様子を表現している。

9 **秘**《ひ》**められている**　「秘める」は外部に知られないように隠してお

く、の意味。実は「贅沢」や「浪費」に、現代社会の問題を解決する力がある可能性を示唆している。

学習のポイント

1 **ジャン・ボードリヤール(190・10)の言葉は、どのようなことを主張するために引用されたものか、考えてみよう。**

考え方 引用されている言葉とその前の記述(教190ページ4〜9行)の内容を照らし合わせ、筆者がボードリヤールの言葉を引用した意図もあわせて考える。

解答例 人類はこれまでも、どのような時代・社会でも浪費をしてきたということを主張するため。

2 **「消費社会とは我々から贅沢を奪うものである。」(193・3)とは、筆者のどのような考えを述べたものか、考えてみよう。**

考え方 「浪費」と対比する形で「消費社会」を考える。贅沢を奪う」とは、「浪費」による満足を奪うことである。さらに、消費と不満足の悪循環について述べた前段落にも注目して考える。

解答例 消費社会はモノそのものではなく、モノに付随する記号や観念を受け取ることで、我々がモノそのものに満足することを妨げ、消費のサイクルに巻き込むことで、豊かさを感じることを奪っているということ。

3 **次のバートランド・ラッセル(193・13)の文章を読み、この文章が、本文中で、どのようなことを主張するために、どのように要約されて引用されているのかを確認してみよう。**

教育は以前、多分に楽しむ能力を訓練することだと考えられていた――つまり、てんで教養のない人たちには縁のない繊細な楽しみである。一八世紀には、文学や絵画や音楽に見識のある喜びを見いだせるのが「紳士」のしるしの一つであった。今日、私たちは、こんな趣味に共感しないかもしれないが、少なくともそれは本物であった。

（ラッセル『幸福論』第一部　第三章「競争」より）

考え方 本文でラッセルの述べた内容に言及している部分(教193ページ13行〜194ページ5行)と照らし合わせて、筆者の主張部分と具体例を分ける。

解答例 教育は楽しむ能力を訓練することであり、楽しむには訓練が必要だということを主張するために、「一八世紀」とか「文学」「絵画」「音楽」「紳士」という具体的な言葉を省略する形で引用した。

4 **「贅沢を取り戻すにはどうすればよいのだろうか。」(193・9)という問いに、筆者はどのように答えているか、まとめてみよう。**

考え方 ここを含む第四段落内に解決策が提示されている。バートランド・ラッセルの考えや、ハイ・カルチャーを楽しむための訓練の必要性などについて述べられた内容が、最後にまとめられている。

解答例 モノをきちんと享受し、楽しむことができるようになる必要がある。楽しむことができるためには、訓練を積む必要がある。

5 **「楽しむという行為がもつ社会的な意義」(195・5)は、「革命的と言ってもよいかもしれない」とあるが、筆者がそのよう**

に考える理由をまとめてみよう。

考え方 筆者は、大量生産・大量消費・大量投棄の悪循環である今の消費社会では、物事が回らなくなる、と危惧している。この問題を解決するのが、浪費を通じた「楽しむ」という行為なのではないかと述べていることを捉える。

解答例 楽しむための訓練を積むことによって、これまでの消費と不満足の悪循環から脱することができ、大量生産・大量消費・大量投棄という消費社会の現状をすっかり変えてしまう可能性があると考えるから。

言葉と表現

1 「なぜだろうか。」(191・5／192・6)という一文には、どのような表現上の効果があるか、考えてみよう。

解答例 読み手に問いかける表現にすることで、読者に問題意識を持たせ、その後の文章を読みたいと思わせる効果がある。

2 「消費と不満足との悪循環」(192・13)と同じような意味で使われている別の表現を、本文中から探してみよう。

考え方 「消費」「不満足」「悪循環」と同じ意味で言い換えられている言葉を探す。

解答例 「満足することが決してない消費のサイクル」(教193ページ4～5行)
「とめどない消費の渦」(教193ページ6行)
「とめどない消費のゲーム」(教195ページ2行)

語句と漢字

1 次の傍線部の漢字の読みを書いてみよう。

①客が殺到する。
②繊細な感受性のもち主。
③本番が迫って焦燥感が増す。
④自由を享受する。

解答 ①さっとう ②せんさい ③しょうそうかん ④きょうじゅ

2 次の傍線部の漢字を用いて別の熟語を書いてみよう。

①豪勢 ②素養 ③宣伝 ④革命

解答例 ①豪雨・文豪 ②素材・素朴 ③宣言・宣教 ④革新・変革

言葉についての新しい認識

池上嘉彦《いけがみよしひこ》

教科書P.197〜206

●学習のねらい

言葉というものについて考え直し、言葉の持つ「表現、伝達の手段」以外の特性に目を向ける。また、具体例が筆者の主張をどのように支えているかに注目する。

●要旨

日常使い慣れている言葉についてわかったつもりでいても、言葉の持つ計り知れない「意味する力」に気づくときがある。言葉は単に思想を表現し伝達する手段という定義だけのものだろうか。それだと表現する思想という中身だけが重要で、言葉は付随的なものでしかないが、現代の言語への関心は、そうした定義以外の要素に向けられている。言葉の一語一語にかけがえのない個性がある。言語が違うとものの見方も違ってくる。言語は、私たちが伝統的に担ってきた、文化や思考様式と深くかかわっているからだ。やはり、言語は表現や伝達の手段以上の何かである。

●段落

本文は、「導入・筆者の主張の前提・筆者の主張」という三段落構成になっている。

一 教P197・1〜P199・2 言葉を使いこなせているか

二 教P199・4〜P201・7 言語は表現、伝達の手段という定義

三 教P201・9〜P205・6 言語の持つ手段以上の要素

段落ごとの大意と語句の解説

第一段落 教197ページ1行〜199ページ2行

私たちは日ごろ使い慣れている言葉についてわかったつもりでいる。しかし、子どもや外国人の思いがけない指摘に、言葉には隠れた「意味する力」があることに気づく。一つ一つの言葉には、かけがえのない個性があり、それは長い文化の中で培われてきたものだ。そのことを認識しないかぎり、言葉を使いこなせているとはいえない。

教197ページ

1 **景色《けしき》** ここでは目に見える様子（風景）のこと。

1 **たたずまい** 雰囲気として感じさせる、そのものが持つ様子。

6 **それ** 前文の「自分の使う言葉については……わかっているつもりでいる」を指す。

7 **勝手《かって》な思《おも》い込《こ》み** 「自分の使う言葉については大体何でもわかっているつもりでいる」こと。これは、言葉の持つ多様な意味について考えようとしないことを表している。

10 **緑《みどり》の風《かぜ》** 風のさわやかさを表す比喩的な表現。詩などに使われる。

色そのものを表しているのではない。「言葉というものの持っている隠れた計り知れない『意味する力』」(教198ページ7行)を導き出す具体例となっている。

11 **フジヤマ**　外国人が富士山を呼ぶときによく使う言い方。

12 **お目《め》にかかる**　「お会いする」と同義。丁寧な言い方。

教198ページ

1 **「言葉の世界でも決まった道を行き来している」とは、どのようなことか。**

答　言葉の一つ一つの意味に疑問を持つことなく、いつもの習慣どおりに言葉を使っているということ。

2 **決《き》まった道《みち》**　「道」は、ここでは比喩的に使われている。使い慣れたいつもの使い方。

2 **この世界《せかい》**　「言葉の世界」を指す。

7 **隠《かく》れた**　ここでは気がついていない、という意味。

7 **計《はか》り知《し》れない**　想像できない。推測できない。

9 **一《ひと》つ一《ひと》つの語《ご》にもそれぞれ個性《こせい》がある**　ここでは、他の語に置き換えることのできない、かけがえのない何かがあることを意味している。

10 **培《つちか》われてきた**　「培う」は、養う、育てる、という意味。言葉はそれを使う人によって大切に育てられてきた、ということ。

12 **かけがえのない**　他のもので代えられないほど大切だ。

13 **愛着《あいちゃく》**　強く心引かれて離れられないこと。

15 **そのような言葉《ことば》**　文化の中で培われてきた言葉。

15 **粗末《そまつ》**　ここでは(物事を)いいかげんに扱うこと。

16 **置《お》き換《か》えれば**　外国語の単語と同じ意味の日本語の単語と入れ換えてみれば、の意味。

16 **事《こと》が済《す》む**　物事が簡単に解決して、それ以上考えなくてもよいこと。

教199ページ

1 **使《つか》いこなせていない**　ここでの「使う」は、言葉が文化と切り離せないことを十分に理解して使うことを意味している。

第二段落　教199ページ4行～201ページ7行

言語の問題が現在、多くの人々の関心の的になっている。これは、今までのような関心の持たれ方とは違う。これまでの言語の定義は、思想を表現し伝達する手段というものであった。この定義だと、「思想」という中身が重要で、手段である言語は付随的なつまらないものになる。しかし、現代の言語への関心は、言語は手段以上のものだという認識から来ている。

4 **(…の)的《まと》となった**　この用法の「的」は「対象」という意味。

6 **氾濫《はんらん》**　あふれるほど多く出回っていること。

7 **こういった問題《もんだい》**　漢字制限、仮名遣い、外来語の氾濫、敬語の乱れなどの言語の用法の正誤の問題を指す。

9 **その点《てん》**　前文の、現在の言語への関心が深いところにある何かとかかわっていることを指している。

10 **ごく平均的《へいきんてき》な言語《げんご》の定義《ていぎ》**　概念や言葉の意味を定めること。直後の「言語は思想を表現し伝達する手段である」を指している。

11 **言語《げんご》は思想《しそう》を表現《ひょうげん》し伝達《でんたつ》する手段《しゅだん》である**　これまで言われてきた言語の定義。言語はあくまで手段であり、それそのものには深い意味はない、という考え方。思想と表現を別々に捉えている。

教200ページ

2 **固有《こゆう》** 他のものにはない、そのものだけにある特徴。

7 **内省《ないせい》** 自分の行動や心の状態を深くかえりみること。

2 **「もう一つ」とは、何に対して「もう一つ」なのか。**

答 言語を手段としてとらえていることに対して。

教201ページ

2 **〜なり…なり** 「なり」は副助詞。いくつか例を挙げてどれかを選ばせるときの表現。

3 **関与《かんよ》** 関係すること。

4 **付随的《ふずいてき》** ある事柄に関連して生じ、それ自体が中心ではないこと。

7 **認識《にんしき》** 物事をはっきり理解すること。

第三段落 教201ページ9行〜205ページ6行

言語は表現、伝達の手段以上の何かである。それは、文化を象徴する機能も持つ。言語の特徴に注目することが必要だ。言語が違うと物の見方も変わってくる。それは文化的な背景や思考様式とかかわっているからだ。私たちは言語に支配されているかもしれない。こうしたことに気がつくと、言語は単なる表現や伝達の手段以上のものであることがわかる。

10 **思考様式《しこうようしき》** ここでは言葉で物事を考えるときの考え方、もしくは考え方の方法を意味する。

13 **誰《だれ》しも** 「誰でも」を強めた言い方。「しも」は文語の副助詞「し」＋係助詞「も」で、強めて言うときに使う。

13 **戸惑《とまど》い** どう対応していいか困ること。

教202ページ

2 **特権的《とっけんてき》** 他の人には与えられない特別な権利がある様子。ここでの「長男」の特権的な地位とは、かつてあった家の財産や家名の引き継ぎに際し、他の兄弟・姉妹より厚遇されていた状況を意味している。

3 **欠如《けつじょ》** 足りないこと。

3 **跡《あと》をとどめている** しるしが残っている。ここでは、それまでの伝統的な文化や思考様式が言葉の使い方に残っているということ。日本語での「長男」の「特権的な地位」に対する「アニ」「オトウト」の区別や、「イネ」「コメ」「ゴハン」の区別、英語では「sin」「crime」と区別されている語が「ツミ」ですまされていることを指している。

3 **言語が持つ「文化を象徴するという機能」とは、どのようなものか。**

答 言語を使っている人たちの文化的な関心の違いを言葉に反映させる働き。

12 **英語圏《えいごけん》** 英語を母語とする国や地域。アメリカ、イギリス、カナダ、オーストラリアなど。「圏」は区域、範囲の意味。

教203ページ

10 **接触《せっしょく》** 触れあった状態で接していること。

11 **覆《おお》う** 広がりのあるものを表面に行き渡らせて外部から遮断する。

教204ページ

4 **言語が違うと、なぜ「ものの見方も違ってくる」のか。**

答 物事をどのような点に注目して見るかは、使う言語によって習慣的に身についているので、同じ対象であっても、言語が違うと、見方も変わるから。

7 **日本語《にほんご》の癖《くせ》** （母語の）日本語で定められるものの見方をすること。
11 **語法《ごほう》** 言葉の組み立て方や使い方。
14 **君主《くんしゅ》** 国や領地を治め、支配する王。ここでは、人間を左右する言語の役割を比喩的に表現している。
15 **母語《ぼご》** 生まれ育ったときから身につけた言葉。母国語。
15 **安住《あんじゅう》している** 安心して住んでいる。向上心なく、現状に甘んじている。ここでは、日本人は日本語の中にとどまり、英語など外国の言語について関心をもたない、という後者の意味で用いられている。

教205ページ
4 **枠《わく》** 限られた範囲。まわりにはめて形を整えたり、囲んだりするもの。ここではものの見方にある文化的背景や思考様式。

学習のポイント

1 **本文は三つの部分で構成されているが、それぞれどのようなことが述べられているか、まとめてみよう。**

解答例 第一段落は、日ごろ使い慣れている言葉の使い方を新しい目で見つめ直し、一つ一つの言葉が長い間にわたる文化によって培われてきたということを理解しない限り、言葉を使いこなすことはできないということ。

第二段落は、言葉が単に思想を表現し伝達する手段であるという定義を述べたうえで、本当にそれだけのものとしてとらえてよいのか、新しい認識があるのではないか、という論理を導いている。

第三段落は、言語は身についた文化や思考様式と深くかかわっており、このことを認識すると、言語はやはり表現や伝達の手段以上のものであるという結論を述べている。

2 **「言葉というものの持っている隠れた計り知れない『意味する力』」（198・7）とあるが、それはどのようなものか、説明してみよう。**

考え方 第一段落の内容から考える。第一段落は前半で言葉の意味とは、物事をどうとらえているか、という認識と大きくかかわっていると述べている。ここでいう「隠れた」とは、ふだん使っている言葉にも、見方が変わることで新たな意味があることを指している。

解答例 ふだん使い慣れている言葉の使い方とは違う見方をすることで発見する、新たな言葉の意味。

3 **辞書などの身のまわりの本で、「言語」がどのように定義されているか、確かめてみよう。**

考え方 同じ言葉でも、辞書によって記載内容が異なる場合があることに注意する。同じ言葉を複数の辞書で引くことにより、その辞書の着眼点は何かを考えるのもよいだろう。

解答例 ①人間が音声または文字を用いて事態(思想・感情・意志など)を伝達するために用いる記号体系。また、それを用いる行為。ことば。②ある特定の集団が用いる、音声または文字による事態の伝達手段。個別言語。日本語・英語の類《たぐい》。(『広辞苑』第六版)

4 **英和辞典で「sinとcrime」(201・15)に意味上の区別があるかどうか、調べてみよう。**

解答例 sin ①(道徳、宗教上の)罪、罪悪、犯罪。②(礼儀作法などに対する)過失、違反、反則。

crime ①(法律上の)罪、犯罪。②(一般に)悪事、人道にはずれた行い、罪悪。(旺文社『英和中辞典』)

5 **言葉は「人間を支配している君主であるかもしれない」(204・14)とあるが、そのようにいえるのはなぜか、説明してみよう。**

考え方 二つ前の段落の「言語が違えば、ものの見方も違ってくる」、また同段落の「言語というものの影響力」に注目して考える。

解答例 使う言語によって物の見方が定められるという点で、言語こそ人間の主人であるといえるから。

6 **「言葉についての新しい認識」とは、言葉のどのようなことを認識することか、まとめてみよう。**

考え方 同じ事象に対する表現でも、日本語と英語では異なる表現を用いる。このことは、言語の違いにより、異なった枠で物事が眺められていることを意味している。つまり、言葉は単なる表現や伝達の手段ではない、ということである。

解答例 言葉が思想の表現や伝達のための手段以上のものであることを認識すること。言葉の使われ方が文化や思考様式に関係があることを理解すること。

言葉と表現

1 **本文に取り上げられている日本語の「コメ」と英語のriceなどの例を参考に、次の①②について、日本語と英語の意味の違いを調べてみよう。また、同じような例がないか探して、見つけた例を発表してみよう。**

①イエ(家)— house ②ミズ(水)— water

解答例 ①日本語の「家」は「住むための場所」という意味の他に「家族のいるところ」「家庭」の意味がある。また、「家系」を指すこともある。一方、英語のhouseは、多くの場合、「住居」の意味で使われる。②日本語の「水」は、川や海などの自然水、水道から出る水など、低温の無色透明な液体を指し、「湯」とは区別されるのに対して、英語のwaterはhot waterなどの形で熱い「湯」にも使われる。

2 **日本語で、日の出の前後を表す言葉(例…朝、明け方)を集め、それぞれの関係や語感の違いを比べて、気づいたことを話し合ってみよう。**

解答例 あかつき(夜が明ける前のまだ暗いころ)→あけぼの・あさぼらけ・しののめ(ほのかに空が明るくなり始めるころ)→朝(日が昇って明るくなったころ)。他に「かわたれどき」や「黎明《れいめい》」という語もある。ともに「あけぼの」とほぼ同じ、まだ明るくなりきっていないころ。

語句と漢字

1 次の漢字の読みを書いてみよう。

①粗末　②濁音　③派遣　④覆面

解答　①そまつ　②だくおん　③はけん　④ふくめん

2 次の片仮名を漢字に直してみよう。

①美しいケシキを写真に撮る。
②日頃の行いをカエリみる。
③長年暮らした町にアイチャクが湧く。
④睡眠不足で注意力がケツジョしている。
⑤豊かな想像力をツチカう。

解答　①景色　②省　③愛着　④欠如　⑤培

文章を読み取って主張を書く

教科書P.207〜211

語句の解説

教208ページ

5 **若者言葉**《わかものことば》　主に十代〜二十代前半の人たちが日常的に用いる俗語。

例　めっちゃ・キモい・マジ　など。

5 **やばい**　言葉自体は古くからあった。本来の意味は「不都合だ」「あぶない」。若者言葉では「おいしい！」「かっこいい」「すごい！」などの肯定的意味でも使われる。

教209ページ

5 **死語**《しご》　昔は使われていたが、今は全く使われなくなった単語。

例　アベック・ナウい・ネアカ・半ドン　など。

ワーク①　**次の文章を読み、主張の展開を確認しよう。**

考え方　各形式段落が前後の段落とどのような関係になっているかをつかもう。接続表現や文末表現に注目する。

解答例　話題提起「やばい」（①段落）→筆者の意見（②段落）「やばい」の分析（③④⑤⑥段落）→結論（⑦段落）の展開。

ワーク②　**ワーク①の文章から、主張を読み取った上で自分の主張を考えてみよう。**

考え方　まずワーク①の文章の筆者の意見をとらえ、それに対して賛成か反対か自分の立場を選ぶ。次に文章中の着眼点を決めて自分の意見を書く。

課題①　**この教科書に掲載されている文章から一つを選んで読み、筆者の主張をとらえた上で、それに対する自分の意見を八〇〇〜一〇〇〇字程度の文章にまとめてみよう。**

考え方　まずは選んだ文章全体を通読し、文末表現などに注目して筆者の主張がどのあたりに書かれているかをとらえる。その上で、筆者の意見に対して賛成か反対か自分の立場を決めると書きやすい。自分の意見を書くときは、そう考える理由も述べる必要がある。説得力のある客観的な理由にする。

討論をする

教科書P.212〜216

語句の解説

教213ページ

1 **論題**《ろんだい》 討論をするときのテーマ。

教214ページ

下13 **プレゼンテーション** 会議などで企画や新商品などを説明・発表すること。

ワーク① 左の図には、左上の「主張」へ至るまでの根拠（事実）と、その理由づけが記されている。下段の図では、どのような「理由づけ」が考えられるだろうか。

考え方 事実と主張との関係を捉え、なぜ、その事実から左下の意見になるのか、マイナス要因を考える。その場合、自分の理由づけが普遍的で客観的かも吟味する。

ワーク② ワーク①の内容について、事実・理由づけに対する反論を考えてみよう。また、どのような再反論が可能かについても、グループで話し合ってみよう。

考え方 事実についての反論は、「観光客が増える」ことへの反論であり、上段の理由づけに対する反論は、「観光収入が増える」ことへの反論である。下段の理由づけに対する反論は、自分の書いた理由づけへの反論である。いずれも反論の根拠が具体的で説得力のある内容であることを確認する。

課題① グループで役割を分担し、討論をしてみよう。

①司会者（一人） ②賛成派（二人） ③反対派（二人）

考え方 司会者、発言者の役割をつかんでおく。賛成・反対の意見を述べやすいテーマを選ぶ。テーマと役割が決まったら、討論に入る前に自分の主張とそれに対する反論を想定しておくとよい。

課題② 一度討論した内容で、今度は司会者・賛成派・反対派を入れ替えて、もう一度討論してみよう。討論の後には、どの意見に最も説得力があったかも振り返りたい。

考え方 一度目の討論の司会者・賛成派・反対派の発言のポイントをメモしておくとよい。そうすると、司会者の討論の進め方、賛成の仕方、反対の仕方の参考になる。また、最も説得力のあった意見はなぜ説得力があったのかも考えてみよう。

12 考えを発信する

白

原《はら》　研《けん》哉《や》

教科書P.219〜224

●学習のねらい

目的に沿って文章から必要な情報を読み取り、得た知識や自分の考えを深め発信する。

●要　旨

白は、完成度に対する人間の意識に影響を与えている。白い紙に記されたものは不可逆である。「推敲《すいこう》」はこの不可逆性が生み出した美意識であり、完成度や洗練を求める気持ちの背景に、白という感受性が潜んでいる。一方、現代の思考経路であるインターネットの情報は、ニュートラルな言葉で知の平均値を示し続け、無限に更新されるという、推敲とは質の異なった新たな知の基準である。白い紙に決然と明確な表現を屹立《きつりつ》させることは、不可逆性を伴うがゆえに、達成には感動が生まれる。その営みは、潔く発せられる表現の強さが感動の根源となる諸芸術にも通じ、「本番」という時間の中に白がある。

●段　落

本文は、「主題・主題の具体的な説明・主題に対する反対の概念・発展」の四段落構成となっている。

一　教P219・1〜P219・7　紙と印刷の文化における白の美意識
二　教P219・8〜P221・9　「推敲」という行為に見る美意識
三　教P221・10〜P222・11　インターネットという思考経路
四　教P222・12〜P223・16　諸芸術の「本番」の中にある白

段落ごとの大意と語句の解説

第一段落　教219ページ1行〜219ページ7行

白について語ることは、自分たちの文化の中にあるはずの感覚の資源を探り当てていく試みである。白は、完成度というものに対する人間の意識に影響を与え続けた。紙と印刷の文化に関係する美意識は、白い紙に黒いインクで文字を印刷するという行為が不可逆な定着を成立させるので、情報の仕上げと始末への意識を生み出す。

教219ページ

6 **不可逆**《ふかぎゃく》 元の状態に戻れないこと。
6 **おのずと** ここでは、必然的にそうなる、という意味。
6 **吟味**《ぎんみ》 物事を念入りに調べること。
7 **発露**《はつろ》 現れ出ること。現し出すこと。
7 **暗黙**《あんもく》**の了解**《りょうかい》 口に出して言わなくても、理解が得られていること。
7 **いざなう** 誘う。

第二段落 教219ページ8行～221ページ9行
白い紙に記されたものは不可逆である。推敲という行為は、この不可逆性が生み出した美意識であり、この達成を意識した完成度や洗練を求める気持ちの背景に、白という感受性が潜んでいる。

8 **推敲**《すいこう》 詩や文章の表現などを修正し、練り直すこと。
8 **逸話**《いつわ》 あまり知られていない興味深い話。エピソード。
10 **ゆえん** 理由。
11 **微差**《びさ》 わずかな差。
11 **なるほど(…)** たしかに。

教220ページ
2 **デリケートな感受性**《かんじゅせい》 物事を細やかに感じる力。
4 **執着**《しゅうちゃく》 あることに心がとらわれて離れないこと。
6 **言及**《げんきゅう》**する** あることについて述べる。
8 **証**《あか》**し** 証拠。

1 「さらに大きな不可逆性」とは、どのようなことか。

答 活字として書籍の上に定着させるとは、印刷物が市場に大量に流通することであり、白い紙の上にペンや筆で書くこと以上に取り返しがつかなくなることを意味している。

13 **このような** 不可逆性が生み出した推敲という行為や美意識のような。

教221ページ
2 **つたない** 能力が劣っていること。
2 **呵責**《かしゃく》**の念**《ねん》 ここでは、白い紙の上に自分はつたない字を書き続けていると自分を責め、苦しむこと、の意。
＊「呵責」＝厳しく責めてしかること。
3 **痕跡**《こんせき》 形跡。あとかた。
4 **累積**《るいせき》 物事が次から次へと重なり積もること。
6 **推進力**《すいしんりょく》 物事を推し進め実行させる力。

2 「無限の過失」の具体例として挙がっていることは何か。

答 黒い墨で白い半紙の上に未成熟な文字を果てしなく発露し、自分のつたない行為の痕跡を残し続けること。

7 **代償**《だいしょう》 ここでは、失ったものに対して自分の大切なものでつぐなうこと、の意。

第三段落 教221ページ10行～222ページ11行
現代はインターネットという新たな思考経路が生まれ、ネット上の情報は、世界中の人々によって無限に更新を繰り返し、ニュートラルな言葉で知の平均値を示し続ける。ここに、推敲とは質が異なり、「清書」や「仕上がる」というような価値観や美意識が存在しない、新たな知の基準が生まれようとしている。

13介《かい》して　仲立ちとする。両者の間に挟む。
15編《あ》む　ここでは、いろいろな文章を編集する、の意。

教222ページ

3嘲笑《ちょうしょう》　見下して笑うこと。
6言説《げんせつ》　意見や物事の説明。
6文体《ぶんたい》　ここでは、書き手や発信者の個性、の意。
8ここに　インターネットの中に。「紙の上」と対比された空間を指している。
10うねり　ここでは、大きく起伏しながら迫る波、の意。

第四段落　教222ページ12行～223ページ16行

白い紙の上に決然と黒を付着させて表現することは、完結した情報を成就させる仕上げへの跳躍を意味し、不可逆性を伴うがゆえに、達成には感動が生まれる。諸芸術も、「本番」という時間で潔く発せられる表現の強さが感動の根源となり、真っ白な紙と同様の意味をなしている。

13成就《じょうじゅ》　物事を成し遂げること。
13跳躍《ちょうやく》　ここでは、大きく発展・向上する、の意。
14(…が)ゆえに　…によって。
15そこ　達成。
15切り口《くち》の鮮《あざ》やかさ　ここでは、個人が表現の完成度を意識した結果現れた潔さや表現の強さなど、の意。
16舞踊《ぶよう》　音楽に合わせて身体を動かし、感情や意思を表現する芸能。
16鍛錬《たんれん》　訓練や修養を積んで、技芸や心身を強くきたえること。

教223ページ

1超克《ちょうこく》　困難や苦しみに打ち克《か》ち、乗りこえること。
1臆《おく》する　恐れてしりごみする。
10いさめる　過ちや良くない点を指摘し、改めるように忠告する。

学習のポイント

1　**「『定着』あるいは『完成』という状態を前にした人間の心理」**(220・5)**とは、どのようなものか、説明してみよう。**

解答例　不可逆な「定着」あるいは「完成」に臨むにあたり表現者が感じる、より完成度を高めなければならないというプレッシャーや、細部にまでこだわり、未熟なものを残したくないという美意識。

2　**「推敲という意識をいざなう推進力のようなもの」**(221・5)**とあるが、それはどのようなものか、説明してみよう。**

解答例　白い半紙の上に、消し去ることのできない未成熟な文字を果てしなく発露し続けることに対して呵責の念が生じ、達成を意識した完成度や洗練を求めようとする気持ちのこと。

3　**「明らかに、推敲がもたらす質とは異なる、新たな知の基準がここに生まれようとしている。」**(222・7)**とは、どのようなことか、説明してみよう。**

考え方　「推敲がもたらす質」とは、不可逆である達成を意識して完成度や洗練を求めようとする美意識のことであり、「ここ」とは、インターネットの中を指している。

解答例　インターネット上では、あらゆる人の手によって情報が無限に更新され続け、「清書」や「仕上がる」というような価値観や美意識が存在しない。良くも悪くも世界中の人々の眼に常にさらされるというプレッシャーのもとで、情報はニュートラルな言葉で知の平均値を示すべきだという考え方が主流となってきているということ。

4　**「音楽や舞踊における『本番』という時間は、真っ白な紙と同様の意味をなす。」**(223・4)**とあるが、どのような点で同様の意味をなすのか、説明してみよう。**

考え方　真っ白な紙とは、表現者にとって不可逆性を持ち、より高い完成度が求められる表現の場である。

解答例　音楽や舞踊において、表現者は自分の未熟さを乗り越え、鍛錬して「本番」という時間に臨む。「本番」では、聴衆や観衆を前にして失敗は許されず、完成された表現が披露される。真っ白な紙と「本番」という時間は、完成した表現が求められ、不可逆であるという点で同様の意味をなしている。

5　**「矢を一本だけ持って的に向かう集中の中に白がある。」**(223・15)**とあるが、それはどのようなことか、本文全体をふまえて説明してみよう。**

解答例　自分にはたった一本の矢しかないという状況は、やり直しがきかないという不可逆性を持つ。標的に向かう者は、失敗を恐れず、より高い完成度を求めて一本の矢に集中する。そこには、白い紙の上に決然と明確な表現を屹立させる過程と同様、不可逆な行為により高い完成度を求めて潔く行うという白への美意識があるということ。

言葉と表現

1　**次の逸話を本文に取り入れたことにはどのような効果があるか、気づいたことを話し合ってみよう。**

①「推敲」の逸話
②『徒然草《つれづれぐさ》』の逸話

解答例　①「推敲」は、詩作においての作者の逡巡《しゅんじゅん》にまつわる逸話である。白は、完成度に対する人間の意識に影響を与えるものであり、白い紙に黒で表現するということは、不可逆な定着を成立させることである。「推敲」という言葉は、未成熟なものや吟味の足らないものはその上に発露させてはならないという意識を生じさせることを具体的に説明する効果がある。

②この逸話では、一本の矢に集中することを説いている。筆者は、白は、不可逆な行為における完成度を高めようという人間の美意識に影響を与えると主張しており、紙と印刷の文化や諸芸術における「本番」という時間を挙げて主張を立証している。さらに『徒然草』の逸話によって、刹那への集中の中にも、白の意識が見られることを示すことで、主張を確たるものにする効果をもたらしている。

2　**「インターネット上の百科事典があれば、紙の百科事典は必要ない」という考えに反対する立場に立つ場合、本文のどの部分が参考になるだろうか、話し合ってみよう。**

考え方　第三段落において、インターネット上の情報の特徴が次のように説明されている。

・世界中のあらゆる人々が加筆訂正できる。

・無限に更新を繰り返している。

・断定しない言説に真偽の評価がつけられないように、ニュートラルな言葉で示されている。

百科事典を調べる際、人々はそこに何を求めるだろうか。我々が百科事典に求める情報にインターネット上での情報の特徴を照らし合わせて、反対する立場の意見をまとめよう。

語句と漢字

1　次の傍線部の漢字を用いて別の熟語を書いてみよう。

①舞踊　②跳躍

③代償　④発露

解答例　①踊躍(盆踊り　踊り場)　③無償・償却・賠償

②躍動・暗躍

④露点・披露・結露・露出

作業ロボットの悲劇

松《まつ》田《だ》雄《ゆう》馬《ま》

教科書P.225～232

●学習のねらい

文章中で提示されている筆者からの問いに対し主体的に取り組み、根拠に基づいた自分なりの意見を主張する。

●要　旨

人間の手で人工知能を作り出すには困難がある。人工知能には「強い人工知能」「弱い人工知能」という二つの概念があり、前者は人間と同様に精神を持つが、後者は人間の知的作業の一部を代替するだけだ。弱い人工知能には、「フレーム問題」があり、自分が解こうとしている問題に関係のある事柄を選択することが難しい。あらゆる可能性を想定し続けて、なかなか判断ができないからだ。人間にもこうした「フレーム問題」がなくはないが、人間の場合はうまく回避する術を知っている。現在、「強い人工知能」はまだ開発されておらず、開発の目途も立っていないが、今後の人工知能研究の前進のためには、人間の心の仕組みを十分に理解することが鍵となる。

●段　落

本文は、「二つのものの対比」「問題点の説明と具体例」「今後の研究」の三つの段落に分けられる。

一　教P225・1～P226・12　「強い人工知能」「弱い人工知能」という概念

二　教P226・13～P230・16　人工知能の「フレーム問題」

三　教P231・1～P231・10　人工知能研究の前進のために

段落ごとの大意と語句の解説

第一段落 教225ページ1行～226ページ12行

変幻自在の空間で自分の世界を変化させ作り出すことは機械やシステムには困難だ。人工知能には二つの概念がある。一つは「強い人工知能」で、人間のように精神を宿す。もう一つは「弱い人工知能」で、人間の知能の一部を代替する道具である。今のところ、「強い人工知能」はまだ開発されていない。

教225ページ

1 **時々刻々《じじこくこく》** 時間の経過とともに。

1 **変幻自在《へんげんじざい》** 自由に姿を現したり消したり形を変えたりできること。

4 **人工知能《じんこうちのう》** 筆者は「知能を持つ機械」、つまりコンピュータ自身が経験から学び、自らの性能を上げるものを「強い人工知能」とし、あくまで人間の作ったルールの上で最適解を導き出し、人間の知的活動をサポートするものを「弱い人工知能」としている。ここでの「人工知能」は「弱い人工知能」のこと。

8 **概念《がいねん》** ある事物の共通の性質をまとめた考え。ある事物の意味や内容。ここでは、「二つの概念」で、二つの考え方、二つの説といった意味。

8 **提唱《ていしょう》** 新しい考えなどを示して人々に呼びかけること。

10 **精神《せいしん》** ここでは知的・感情的な働きの意味での「心」のこと。

11 **代替《だいたい》する** 他のもので代用して間に合わせる。

教226ページ

3 **サポート** 支えること。援助すること。

3 **機械《きかい》の特徴《とくちょう》** 機械は「人間の知的活動をサポートする道具」が該当する。「道具」という表現を使用することで、あくまで主体は人間にあることが強調されている。「弱い人工知能」もこの「道具」に含まれる。

第二段落 教226ページ13行～230ページ16行

「弱い人工知能」の「フレーム問題」は、自分が解決しようとしている問題に関係のある事柄をなかなか選べないということだ。それは一つには、何が起こるか推論する能力がないからだが、推論機能を加えても、今度はあらゆる起こりうる可能性を想定していつまでも判断できない。そこで、関係のあることしか考えないロボットを製作すると、何が関係ないのか無限の可能性を想定してしまう。人工知能が無限定空間に対応しようとするとこの「フレーム問題」が発生する。

13 **相互作用《そうごさよう》** 互いに働きかけ影響し合うこと。

1 **「弱い人工知能」の例をほかにも挙げてみよう。**

答 乗り物の自動運転システム。顔認証。コールセンターのオペレーション業務。

教227ページ

1 **内包《ないほう》** 内にかかえていること。

2 **「フレーム問題《もんだい》」** 問題の解決に関係ある事柄だけを選定することが難しく、あらゆる可能性を考えてしまうという、人工知能のかかえる問題。

4 **創始者**《そうししゃ》　そのことを初めて起こした人。

14 **台車**《だいしゃ》　重い物を運ぶための車の付いた台。

教228ページ

6 **改良**《かいりょう》　悪いところを改めて良くすること。ここでは、推論ができないという作業ロボットの欠点を修正し、推論できるようにしたこと。

教229ページ

5 **想定**《そうてい》　仮に考えた条件や状態に基づいて考えること。

8 **〜までもありません**　「〜までもない」は、「〜する必要もない」の意味。

教230ページ

7 **ありとあらゆる**　あると考えられるすべての。

2 **「フレーム問題」を定義した部分を本文中から指摘してみよう。**

答　フレーム問題とは、今、自分が解こうとしている問題に関係のある事柄を選び出すことが極めて難しいという問題。（教227ページ5行）

13 **既**《すで》**に**　まぎれもなく。

第三段落　教231ページ1行〜231ページ10行

「フレーム問題」は人間にも起こり得るが、人間はフレーム問題をうまく回避している。あらゆる事象に注意を向けていては生きていけないからだ。現在、「強い人工知能」は開発されておらず、開発の目途も立っていない。人工知能研究を前に進めるには、人間の心の仕組みを十分に研究することが手がかりとなる。

教231ページ

1 **遭遇**《そうぐう》　災難や事故などに思いがけなく出遭うこと。悪いことに遭うときに使う言葉。

3 **「人間においても同様に起こり得る」とあるが、どのようなことを指すか。**

答　人間も慣れていないことや思いがけないことに出合うと、どうすればよいか判断に迷い、行動に移せないことがあるということ。

3 **回避**《かいひ》　避けること。ここでは、フレーム問題のようなことが起こっても、深く考えないようにしているか、そのような事象に注意を払わないでいることと考えられる。

4 **事象**《じしょう》　実際に起こる出来事。

5 **身**《み》**が持**《も》**ちません**　体力や心身の健康を保つことができない。

4 **「上手に手抜きしている」とは、どのようなことを表しているか。**

答　問題に関係がありうる事象の何もかも全部には注意を向けないようにしていること。

6 **手抜**《てぬ》**き**　しなければならないことをわざと適当に省くこと。

9 **目途**《めど》　ここでは、見通し、の意味。

10 **鍵**《かぎ》　ここでは、問題を解決するための重要な手がかり。

学習のポイント

1　**本文中の作業ロボット2号・3号について、次の①②を説明してみよう。**

①どのような点が改良され、それによってどのような結果が生じたか。

②そのような結果が生じたのはなぜか。

考え方　作業ロボット1号・2号・3号の機能、やったこと、結果、結果の原因を表に整理するとわかりやすい。

解答例
作業ロボット2号
①作業ロボット1号になかった「(自分の行動によって)周囲に何が起こるかを推論する機能」が追加されたが、すべきことが判断できず、爆発は起こった。
②自分の行動によって起こり得るあらゆる可能性について推論し続けたため。
作業ロボット3号
①すべきことを判断するために「関係のあることしか考えない」ように製作されたが、やはり、爆発は起こった。
②「関係のないことは考えなくてもよい」と考えても、関係あるかないかを考え続け、行動できなかったため。

2　**「強い人工知能」(225・8)と「弱い人工知能」(同)の違いは何か。また、筆者は、「強い人工知能」を作るために、どのようなことが必要だと述べているか、まとめてみよう。**

考え方　「強い人工知能」「弱い人工知能」を定義している第一段落と、最終段落の最終文に着目する。

解答例　「強い人工知能」は人間のように精神を宿す機械であり、物事を認識したり意識を持ったりする。「弱い人工知能」は、人間の知的活動の一部を人間の代わりに行う、人間に使われる道具である。「強い人工知能」を作るためには、人間の心の仕組みを理解することが必要だ。

3　**下の写真について、次の①②に取り組んでみよう。**

①本文で読み取ったことをもとにして、この写真がどのような写真か説明してみよう。

②写真の作業ロボットにどのような命令をすればよいか、話し合ってみよう。

考え方　ロボットが手に刃物を持っていて木の枝を切ろうとしている。ロボットのいる位置と刃物の位置に着目する。この位置だと、ロボットは木を切った後、どのようになるか想像してみよう。

解答例
①人間の知的活動を代替する「弱い人工知能」で推論ができないロボットが、命じられて木の枝を切るという作業をしている写真。
②この写真のままだと枝を切った後、自分も木から落ちるので、幹に近い部分に腰掛けて、幹から遠いほうの枝を切るように命じる。

言葉と表現

1 **作業ロボット1号・2号・3号の悲劇が連続して説明される部分には、どのような表現上の効果があるだろうか。考えてみよう。**

解答例 見出しをつけて、改良が進む順に具体的に説明することによって、どのように改良しても人工知能が物事を判断・選択することが困難だということを納得させ、「フレーム問題」をわかりやすくする効果。

2 **「フレーム問題」の今後の展望について、どのような意見があるか、調べて報告し合ってみよう。**

考え方 インターネットで「人工知能のフレーム問題」「人工知能の未来」など、キーワードを入力してみる。その場合、単語だけでなく、複数の単語からなる具体的なフレーズがよい。検索の結果出てきたサイトのうち、なるべく公式サイトを選ぶとよい。大きな団体の公式サイトでは、さまざまな資料なども紹介している。例として、総務省の「人工知能（AI）の現状と未来」や一般社団法人人工知能学会のホームページなどが挙げられる。そうしたサイトには、関連するテーマの書籍なども紹介されているので、さらに図書館で探すとよい。

語句と漢字

1 **次の傍線部の漢字を用いて別の熟語を書いてみよう。**

①提唱　②精神　③遭遇　④事象
⑤回避　⑥内包　⑦創始　⑧目途

解答例 ①提供・提案　②神童・神技　③遭難者・遭逢
④現象・象徴　⑤避暑・逃避　⑥内容・国内
⑦創作・創造　⑧目上・科目

結論を出すために話し合う

教科書P.233〜237

語句の解説

教234ページ

3 **メリット**　そうすることの利点。

3 **デメリット**　欠点。不利な点。

4 **観点**《かんてん》　物事を考えるときの立場や目のつけどころ。

13 **折衷案**《せっちゅうあん》　複数の良い所をとってまとめた案。

ワーク① **文化祭のクラスの出し物を決めなければならない。次のような「目的・前提」がある場合、どのような検討の観点があるとよいか考えてみよう。**

◆目的・前提　飲食店部門で売上一位を目指したい。文化祭は三か月後の九月に開催予定。

考え方 「◆目的・前提」の「飲食店」「売上一位」「三か月後」に注目する。

解答例 何を売るか。売り上げを伸ばす工夫。準備期間。

ワーク② **次の二つの意見の折衷案を考えてみよう。**

意見①　曲のイメージに合わせて全員浴衣を着たい。男女

はそれぞれ同じ柄の浴衣を買いたい。

意見② シャツとスラックス・スカートは制服のままで、上衣だけクラスで同じものを買えばよい。できれば私服で着ても違和感のないデザインのものにしたい。

考え方 ①②とも、「同じ柄」「同じもの」で、統一という点では共通している。あとは①の「曲のイメージに合わせ」を生かした上で、費用の負担が少ない案を考える。

解答例 スラックスやスカートは制服で、上だけ同じ材質の安い生地で、曲のイメージに合わせた同じプリント入りのポロシャツなどをみんなで作る。

課題① ①「図書館の利用者数を増やすにはどうすればよいか」について、次の手順と次ページの資料をもとに、グループで話し合ってみよう。

②次のテーマについて、グループで話し合い、結論を出そう。

(1)修学旅行の事前学習と事後学習を充実させるにはどうすればよいか。

〈前提〉事後学習では、何らかの形で発表する。

(2)自分で宿題を決める権利を得るとしたら、どのような義務が生じるか。

〈前提〉権利と釣り合う義務を考える。

(3)高校入試に一科目追加するとしたら何を追加するのが効果的か。

〈前提〉生徒の資質・能力が公平に測定できる科目にする。

考え方 ①「生徒アンケート結果」と「図書館利用者規約」(ともに教237ページ)を照らし合わせる。「生徒アンケート結果」の要望の中で票数の多いものに絞って、「図書館利用規約」にかなっているか検討してみる。例えば、82票の要望は読む本の種類についてだが、「図書館利用規約」に「リクエスト」の項目がある。漫画や雑誌をリクエストできるかどうか、選書会議で選ばれるにはどうすればよいかなどを話し合う。

②まず、「前提」をふまえた上で取り組みたいテーマを選び、同じテーマを選んだ者どうしでグループ分けをすると話し合いやすい。司会者を決め、検討の観点をあらかじめグループで決めてから話し合いに入る。意見を述べるときは、その根拠を明確に示す。いろいろな案が出たときはそれらの良い所をとって折衷案を出す。

レポートを書く

教科書P.238〜242

語句の解説

教238ページ

3 **教育格差**《きょういくかくさ》 生まれ育った環境により、受けることのできる教育や学歴が異なること。

教239ページ

3 **新書**《しんしょ》 書籍の体裁の一つ。B6判より小型で、文化・教養・評論などを扱った本が多い。

教240ページ

7マナー啓発《けいはつ》　マナーを理解してもらい、守るように促すこと。

ワーク①　次のようなテーマで、どのような問いが立てられるか思いつくだけ案を出してみよう。

《テーマ》　①SNSの利用について

②環境問題について

解答例　①SNSにはどんな種類があるか。SNSの利点とは。

②水不足を防ぐために家庭でできることとは。

ワーク②　ポイント①を参考に、思いついた問いがレポートにふさわしいかをグループで話し合い、検討してみよう。

考え方　問い方が疑問形か、調査可能な問いか、答えやすい問いか、漠然とした抽象的な問いではないかなどを検討してみる。

ワーク③　次のような仮説を証明するためには、どのような資料が必要か考えてみよう。

①野菜の価格を決定するのは、顧客のニーズではなく出荷量なのではないか。

②日本のGDPが相対的に落ち始めた時期と一〇〇円均一ブームが始まったのはほぼ同時期なのではないか。

考え方　①野菜の価格変動に関係のある資料をインターネットで検索する。農林水産省や農業関係の団体のサイトに「野菜の価格変動」などのキーワードを入力してみる。②「GDP」「一〇〇円均一」などの言葉に着目して、同じ言葉を含むキーワードで検索する。キーワードは一語だけでなく、複数語を組み合わせるほうが資料を探しやすい。

課題①　「問いを立てる」(教243ページ)を読み、どのような問いがよい問いか、考えてみよう。また、それをふまえて自分で問いを立て、それを解決するレポートを書いてみよう。

考え方　筆者が問いをどのように分類しているかを整理する。次に、筆者の考える「よい問い」を読み取る。文章中の「答えの出る問い」という言葉が、自分で問いを立て、レポートを書くときの鍵になるだろう。問いを立てる準備として、書籍やインターネットで情報を集めることも必要だ。書き始める前に、どのような文章構成にするか、書く要素、引用箇所などをメモ書きしておくとよい。